Melanie Missing
Das Orakel der Einhörner

MELANIE MISSING
Illustrationen von Katharina Kelting

Das Orakel der Einhörner

Begleitbuch

Allegria

2. Auflage 2014

Allegria ist ein Verlag der Ullstein Buchverlage GmbH

ISBN: 978-3-7934-2243-3

Umschlaggestaltung: FranklDesign München
Titelabbildung und Illustrationen: Katharina Kelting
Satz: FranklDesign, München
Druck und Bindearbeiten: Leo Paper Products
Printed in China

IN TIEFER DANKBARKEIT
AN DIE GEISTIGE WELT

Mögen die Wunder
der Einhornenergie überall
auf Erden geschehen.
Öffnet Eure Herzen und
gebt den Einhörnern
ihren Platz darin zurück!

Inhalt

Vorwort

Engel und Einhörner

Wir alle haben persönliche Einhörner, die uns genauso wie unsere Schutzengel täglich begleiten. Allerdings wirken Einhörner ihre Wunder in ganz anderen Bereichen als Engel. Die Einhörner erklärten es mir einst so: Wenn du deine Engel oder generell Engel anrufst, musst du dich in deinem Bewusstsein und in deiner Energie zu ihnen hinbewegen. Deinen Geist zu ihnen ausrichten, also deine Energie und dein Umfeld einladender und hochschwingender gestalten. Das kann beispielsweise mit schöner Musik, Blumen und Kerzenschein geschehen. Die Engel wiederum passen ihr Energiefeld dann dem unseren an, damit wir miteinander kommunizieren können und ihre Anwesenheit deutlich spüren und wahrnehmen. Engel haben Flügel, mit denen sie uns liebevoll und beschützend umfangen und einhüllen.

Wenn sie uns berühren, tun sie das meist im Herzen, auf der emotionalen Ebene, um unseren Schmerz zu lindern und uns zu trösten. Helfen dürfen sie uns nur, wenn wir sie darum bitten. Dies besagt das göttliche Gesetz. Es gibt nur eine einzige Ausnahme, wenn wir vor Beendigung unserer

Lebenszeit in Lebensgefahr geraten oder uns ohne karmischen oder körperlichen Hintergrund verletzen würden. Dann greifen die Schutzengel ein. Entweder durch ihre himmlische Hand oder indem sie einen anderen Menschen zur richtigen Zeit an die Gefahrenstelle bringen, um als verlängerter Arm zur Stelle zu sein.

Einhörner und Engel kommen aus der gleichen, der 7. Dimension, jedoch unterscheiden sich ihre helfenden Energien auf vielerlei Weise. Es ist wichtig zu verstehen, wie genial die Kombination beider Energien zusammenwirken kann.

Die Einhörner erklärten mir, wie sie zu uns kamen. Sie sind uns ganz nah, stehen wirklich neben uns und begleiten uns bei jedem Schritt, den wir tun, wenn wir sie darum bitten. Da sie sich unserem Energiefeld sehr gut anpassen können, ist es für uns noch einfacher, mit Einhörnern als mit Engeln zu kommunizieren. Sie lassen uns sogar ihre Aura wahrnehmen und berühren. Sie sagen, sie berühren uns auf der Seelenebene an den tiefsten Punkten, dort, wo wir so noch nie zuvor berührt worden sind. Genau das ist es auch, was ich immer wieder mit ihnen erlebe, egal ob in lauten, hektischen Messehallen oder in einer ruhigen Meditation. Wenn die Seele der Menschen berührt wird, ist es egal, wo das passiert. Menschen sind zu Tränen gerührt und wissen eigentlich gar nicht so recht, warum. Es ist immer wieder ein Wunder!

Einhörner sind wie Krankenschwestern, sie bleiben so lange bei uns, bis die Themen, die unser Sein trägt, vollständig in Heilung gegangen oder gelöst sind. Auch wenn der Ursprung der Einhörner der Garten Eden ist, dürfen wir uns jetzt an unser Leben mit ihnen in Atlantis und auf Lemurien erinnern.

Sie sagen weiter: „Das, was ihr so viele Inkarnationen getragen habt, das, was eure Seelen so beschwert, berühren wir und helfen euch, es in Liebe anzuschauen und loslassen zu können. Mit diesem Loslassen werdet ihr leicht und hebt euch automatisch auf das neue Energieniveau der Erde. Alles wird dadurch leichter. Ihr werdet schon sehen."

Es ist einfach unglaublich hilfreich, Engel und Einhörner als Helfer-Team für dich und deinen vor dir liegenden Lichtweg anzurufen. So könnt ihr gemeinsam auf allen Ebenen für dich in deinem Leben wirken.

Ihre Führung, ihre pure Liebe und Lichtenergie sind einfach unschlagbar.

Kinder und Einhörner

Ich hatte bereits viele Begegnungen mit Kindern und Einhörnern. Sie lieben sich gegenseitig so sehr.

Es ist keine Phantasie der Kinder, die Kinder der neuen Zeit nehmen von Anfang an die Einhörner wahr. Ich fragte einmal in einer Runde mit Kindern, ob sie an Einhörner glauben würden, und fast gelangweilt antworteten sie – „natürlich".

Eine Mutter erzählte mir, dass ihre kleine Tochter ihr bereits mit sieben Monaten die Anwesenheit der Einhörner zeigte, sie nahm – während sie ihr Fläschchen bekam – ihr Händchen, öffnete es, hielt es zur Seite und machte ein schnalzendes Geräusch sowie Pferdehufeklackern. Sie sagte, dass die Anwesenheit des Einhorns so auch für sie deutlich spürbar war.

Natürlich ist auch dieses Kartendeck für Kinder geeignet, doch interpretiere die Karten bitte gemeinsam mit deinem Kind und deinem eigenen inneren Kind. Die Texte in diesem Anleitungsbuch sind für Erwachsene geschrieben, doch ist es gut möglich, eine Karte wie z.B. Erzengel Chamuel und das Einhorn Liebeszauber für Kinder anders zu interpretieren, z.B. mit der Bedeutung von Freundschaft. Auch bei Kindern gibt es mal einen kleinen Streit mit einer Freundin, nur meist auf anderen Ebenen als bei Erwachsenen. Helft euren Kindern bitte, die Karten so zu interpretieren, dass sie zu deren Lebenssituationen passen. Besonders schön finde ich es auch, wenn man gemeinsame Familienrituale mit den Karten erstellt (ein Beispiel dazu folgt im Kapitel über die Anwendungsmöglichkeiten des Kartendecks).

Die Karten eignen sich auch sehr gut dafür, um festzustellen, was das Kind gerade bedrückt. Dann können sich geistige und menschliche Energien verbinden, und man kann so gemeinsam mit den Engeln und Einhörnern den Kindern eine wunderbare Hilfestellung sein. Ich glaube, wenn ich in der Schule schon ganz klar gewusst hätte, dass in der Mathearbeit ein Engel hinter mir und ein Einhorn neben mir steht, hätte ich einfach weniger Angst gehabt und mich sicherer gefühlt. Vielleicht geht es euch auch so? Schenkt euren Kindern den Glauben an Hilfe und Beistand. Das wird ihnen in allen Lebensabschnitten dienen.

Anwendungsmöglichkeiten des Kartendecks

Dieses Kartendeck wird dir in jeder nur erdenklichen Lebenssituation als Begleiter und Ratgeber zur Seite stehen. Du kannst die Meditationen und Übungen alleine oder auch gemeinsam mit deinen Freunden oder deiner Familie durchführen. Wenn du alleine bist, ist es oftmals auch angebracht, die Meditation auf ein Diktiergerät oder ähnliches aufzunehmen, um sich ganz dem Moment und der Hilfe der Engel und Einhörner hingeben zu können.

Alle Energien, die du mit den Meditationen und Übungen anrufst, sind positive, lichtvolle Wesen. Du kannst ihnen und ihren Berührungen, Worten und Visionen vertrauen.

ERSTER SCHRITT:
Heiße deine Karten willkommen

Nimm alle 44 Karten in deine linke Hand (kommt von Herzen) und halte sie an dein Herz. Begrüße die Karten mit den Worten, die dir in diesem Moment dazu eingegeben werden, wie beispielsweise: *'Seid herzlich willkommen in meinem Leben'* oder *'ich begrüße euch und bitte euch um eure Hilfe und Unterstützung, um meine Fragen zu beantworten'*. Wenn du möchtest, nimm dir einen Moment Zeit und schaue jede einzelne Karte an, um mit ihren wundervollen Energien in Verbindung zu gehen.

Immer wenn du deine Karten an andere weitergereicht hast, ist es empfehlenswert, sie wieder mit dir zu verbinden. Dafür pustest du einmal kräftig über die Karten, fächerst sie auf und hältst sie für einen Moment an dein Herz. Du kannst die Karten für dich persönlich, aber auch zu Einhorn-Readings für andere anwenden.

ZWEITER SCHRITT: ***Mische deine Karten***

Mische deine Karten, egal ob seitlich oder hochkant. Achte bitte darauf, dass sie alle in die richtige Richtung, mit der Rückseite nach hinten, zeigen. Nun ist dein Kartendeck vorbereitet und du kannst es entweder als Fächer in deiner Hand ausbreiten, sie auf einem Tisch mit der Rückseite nach oben auslegen oder sie als Block in deiner Hand halten und mit einem Finger über die Karten fahren und dort zugreifen, wo dich deine Führung stoppt.

DRITTER SCHRITT: ***Stelle deinen Karten eine Frage***

Bevor du eine Karte auswählst, stelle ihnen eine Frage. Ich persönlich halte die Karten immer ganz nah an meinen Mund und spreche in sie hinein, um meine Frage zu stellen. Wenn du ein Reading gibst, bitte dein Gegenüber, dir seine Frage oder sein Thema mitzuteilen. Dann denke an die Frage, während du die Karten mischst. Auch passiert es hin und wieder, dass Karten beim Mischen aus dem Deck herausfallen, bitte lege sie zur Seite und beziehe sie dann in dein Reading mit ein. Bitte die Einhörner darum, dir ein Zeichen wie z.B. ein bestimmtes Gefühl oder das Wort „Stopp“ einzugeben, wenn du aufhören sollst zu mischen. Vertraue bitte deiner Intuition!

VIERTER SCHRITT: Auslegemöglichkeiten

1. Du kannst die Engel und Einhörner darum bitten, dass sie dir sagen sollen, wie viele Karten jetzt zur Beantwortung deiner Frage nötig sind und sie dementsprechend auslegen.

2. Du kannst die Karten zu einem Fächer vor dir ausbreiten oder sie alle einzeln auslegen, deine Augen schließen und mit deiner linken Hand über die Karten fahren und spüren, wo dich deine Intuition stoppt, wo es warm wird oder vielleicht anfängt zu kribbeln.

3. Du kannst drei Karten ziehen – eine für die Vergangenheit, eine für das Jetzt und eine für die Zukunft.

4. Du kannst Tageskarten ziehen, ob am Morgen eine Karte für den Tag oder am Abend, um die Einhörner um zusätzliche Informationen zu bitten.

5. Ich persönlich liebe das Paarritual. Wenn ich am Abend mit meinem Mann im Bett liege, habe ich mein Einhornkartendeck immer griffbereit, und wir

ziehen gemeinsam je eine Karte. Er liest mir meinen Text vor und ich ihm seinen. So sind schon viele schöne Gespräche entstanden, und Themen kamen zum Vorschein, über die man sonst nicht gesprochen hätte. Wenn dein Partner oder deine Partnerin dafür offen ist, ist es ein wunderbares, sehr verbindendes Paarritual.

6. Eine Ziehung mit deinen Kindern als Familienritual macht besonders viel Spaß – egal, ob ihr gemeinsam vor dem Schlafengehen eine Karte zieht oder am Morgen am Frühstückstisch. Schön ist es auch, wenn es bei euch einen festen Abend in der Woche gibt, an dem die ganze Familie zusammenkommt, um alle Themen der Woche oder des Tages zu besprechen. Dazu zieht entweder jeder einzeln eine Karte oder ihr befragt gemeinsam als Familie das Einhornorakel, um anschließend eine entspannte Zeit zu verbringen – ohne Kummer oder unausgesprochene Themen.

7. Für alle, die energetisch arbeiten, kann ich auch Heilkreislegungen mit den Einhornkarten empfehlen. Dies ist besonders hilfreich bei Fernbehandlungen. Ein Beispiel: Nimm bewusst die Karten der Erzengel in Verbindung mit den Einhörnern aus dem Deck heraus. Zusätzlich kannst du die Karten

von Jesus/Sananda und Mutter Maria zusammen mit den Erzengelkarten in einem Kreis auslegen. In die Mitte kannst du eine weitere ausgewählte Karte mit einem unterstützenden Thema legen. Wenn du möchtest, schmücke den Kreis noch mit Edelsteinen, Essenzen, Kräutern, Blumen oder Federn und sprich persönliche Gebete für Heilung und Unterstützung.

Ich persönlich liebe Einhornheilkreise und ihre individuellen Anwendungsmöglichkeiten.

FÜNFTER SCHRITT:
Karten lesen, verstehen und anwenden

Die liebevollen Bilder und Texte auf den Karten helfen dir, die Antwort auf deine Frage zu verstehen. Achte auch auf deine Gedanken und Gefühle, wenn du das Bild der ausgewählten Karte anschaust. Vielleicht bekommst du Gänsehaut oder bist tief berührt und spürst ohne den Text zu lesen, was zu tun ist oder wie die Antwort lautet.

Als Nächstes lies den Text deiner Karte nach und meditiere gegebenenfalls kurz über die Bedeutung, um zusätzliche Informationen über deine Situation von den Engeln und Einhörnern zu bekommen.

Achte auch auf Zeichen in deiner Außenwelt, oftmals sehen die Zeichen der Einhörner wie folgt aus:

Du findest Federn ....

Am Himmel erscheint ein Regenbogen ....

Wolken formen sich in Gestalt eines Einhorns, Engels oder Engelsflügels (der natürlich auch Pegasus gehören könnte) ....

Bestimmte Krafttiere begegnen dir immer wieder ....

Auch diese Zeichen können dir helfen, die Botschaften deiner Karten tiefer zu verstehen. Achte zudem auf deine Träume. Wenn du magst, lege dir ein kleines Büchlein an dein Bett und schreibe deine Träume auf.

SECHSTER SCHRITT:
Aufbewahrung der Karten

Deine Karten sind energetisch mit dir und der geistigen Welt verbunden. Behandle sie bitte in Liebe und bewahre sie an einem besonders schönen Ort auf. Ich wünsche dir ganz viel Freude im Umgang mit deinem Einhornorakel und sende dir für alle Anwendungen Licht, Liebe und Einhornsegen.

Melanie Missing

ALLES FLIESST!

Bedeutung der Karte:
Wasser versorgt und reinigt deinen ganzen Körper. Wenn du ausreichend trinkst, ist dies für dich durch mehr Wohlbefinden deutlich spürbar. Achte auch darauf, „gutes“ Wasser zu dir zu nehmen. Spare nicht an dem, was dich am Leben hält. Wie erkennt man gutes Wasser? Stell dir bitte vor, wie du an einer Gebirgsquelle in den Bergen stehst und mit deinen Händen das kühle Wasser schöpfst und trinkst. Spüre, wie es dich erfrischt und belebt, wie weich es sich in deinem Mund anfühlt und du Lust auf mehr von diesem köstlichen Wasser bekommst. Dieses Gefühl entsteht dadurch, dass das Wasser lebendig ist und voller Energie. Trinke nur solches Wasser und begib dich in den Fluss des Lebens!

Achte auf dein Fließen, dein Weiterfließen …

„Ich bin das Einhorn Xantinus – rufe und bitte mich, alles, was in deinem Leben stagniert, ins Fließen zu bringen. Ich werde dich dann mit meinem Lichthorn berühren und deine Zellen mit der Information der Bewegungsenergie anfüllen.

Achte bitte gut auf deinen Wasserhaushalt, und trinke jeden Tag ausreichend Wasser, damit alles in dir fließen kann und somit alle Informationen leicht und schnell durch deinen Körper und durch deinen Geist transportiert werden können. Auch berühre ich, wenn du es wünschst, dein Trinkwasser mit meinem Lichthorn und befülle es mit Energie. Du kannst dir diese Berührung wie einen spiralförmigen Wirbel vorstellen, der das Wasser in Bewegung bringt.

Gehe mal wieder schwimmen und spüre das Element Wasser in seiner dich tragenden Form, schwimme dich frei und fließe durch den Fluss des Lebens, der dich trägt."

Übung/Meditation:
„Ich bin Xantinus und berühre alle Gewässer, alle Seen, alle Bäche, alle Flüsse, alle Meere. Lass uns gemeinsam allen Gewässern und allen darin lebenden Wesen Reinigung, Transformation und Liebe senden."

Stelle dir vor, dass du an einem wunderschönen von blühenden Seerosen bewachsenen See stehst. Viele Tiere, die im und um die Gewässer herum leben, haben sich darin und um ihn herum versammelt.

Das Einhorn Xantinus bittet dich, am Ufer Platz zu nehmen und deine Füße in den See hineinzuhalten. Er erklärt dir, dass du dir mit deiner Mentalkraft vorstellen kannst, wie Wurzeln aus deinen Fußsohlen in den See hineinwachsen und du die Informationen über die Bedürfnisse der Gewässer in dir aufnehmen und darüber auch Energie an sie aussenden kannst.

Du nimmst am Ufer Platz und hältst deine Füße ins Wasser hinein, lässt deine Wurzeln in den See hineinwachsen. Das Einhorn Xantinus spricht: „Wir reinigen jetzt gemeinsam alle Gewässer von Verunreinigungen jeglicher Art. Sende von deinen Wurzeln das violette Licht der Reinigung und Transformation in alle Gewässer dieser Erde. Lenke es mit der Kraft deiner Gedanken durch die Seen, die Bäche, die Flüsse und die Meere dieser Erde. Siehe, wie das violette Licht reinigt und transformiert. Ich richte jetzt mein Lichthorn in den See hinein und übertrage die reinigende Einhornenergie. Spüre, wie deine Füße mächtig zu kribbeln beginnen und wie du gemeinsam mit dem Einhorn transformierst."

Du kannst vor deinem inneren Auge sehen, wie deine gesendete Reinigungsenergie beginnt, die Menschen zu berühren. Sie beginnen ein neues Bewusstsein für die Gewässer zu erlangen und ihren Müll nicht weiter achtlos in die Gewässer zu werfen. Bald heben sie auch mal ein liegengebliebenes oder vom Wind angewehtes Müllprodukt auf und entsorgen es.

Die Reinigung hat auch dir gutgetan, und so stehst du ganz erfrischt wieder auf und verabschiedest dich von den Tieren und dem Einhorn Xantinus.

Tipp zur Anwendung der Übung:
Ich persönlich habe es mir zur Gewohnheit gemacht, beim Duschen oder beim Baden meine Wurzeln mit dem Grundwasser zu verbinden und Reinigung und Transformation mit meinem verbrauchten Wasser in die Kanalisation zu senden. Du kannst die Übungsmeditation mit Xantinus wundervoll beim Baden anwenden und bist somit ganz im Element. Mögen alle im Wasser lebenden Wesen vom Unrat der Zivilisation befreit sein.

ANGST

Bedeutung der Karte:
Diese Karte kommt zu dir, da die Einhörner eine große Angst in dir wahrnehmen in Bezug auf bevorstehende Veränderungen. Eine Angst, die dich blockiert weiterzugehen. Ängste sind oftmals nicht real, sie entstehen in deinem „Kopfkino“, das dir die schlimmsten Wahrscheinlichkeiten vorspielen möchte, welche die Dualität mit all ihren Illusionen aufzeigt. Aber es gibt wirklich nichts, was so schlecht sein könnte, dass es nicht für irgendetwas gut wäre, und sei es ein Angstgefühl.

Die einzige Angst, die wirklich jedes Sein trägt, ist die Angst vor der Verletzung der körperlichen Unversehrtheit. Die Einhörner helfen uns ganz wundervoll, unsere Ängste auf der Traumebene anzuschauen. Man träumt und spürt gleichzeitig Emotionen, fühlt aber z.B. einen anderen Körper, erlebt eine beängstigende Situation und darf sie in Begleitung der Einhörner annehmen und verstehen. Im Hier und Jetzt ergibt sich danach auf einmal eine Situation, in der du dich früher geängstigt hättest, und plötzlich geschieht das nicht mehr. Das Gefühl ist verschwunden.

Meister Sanat Kumara und das Einhorn Apollonia möchten dir gerne beim Erkennen und Loslassen behilflich sein. Sie laden dich deshalb zur folgenden Meditation ein.

Übung/Meditation:
Ängste loslassen mit Sanat Kumara und dem Einhorn Apollonia

Werde ruhig und entspanne dich. Meister Sanat Kumara steht neben dir und ist mit der Absicht gekommen, alte traumatische Verletzungen, die in deinem Sein schlummern, zu berühren. Egal ob sie aus diesem Leben oder aus einer anderen Zeit stammen, sie bringen dich immer wieder in ängstliche Momente, in Opferrollen und in alte Gefühlsmuster, an denen du festhältst, weil sie dir vertraut sind. Sanat Kumara setzt sich neben dich, legt seinen Arm um deine Schultern und sagt: „Ich bitte dich, lass den Groll und die Wut der alten Zeit los. Wähle neu und tausche sie ein gegen Mitgefühl, Respekt und Wertschätzung. Denn das ist es, was dich im Tausch erwarten wird – so wie du gibst, so wird dir gegeben. Befreie dich, heute und hier! Ich bin gekommen, um dich und dein Sein zu erheben. Dafür musst du nur loslassen, gehen lassen, immer wieder aufs Neue loslassen und gehen lassen. Ich weiß, wie anstrengend und kräfteraubend dir dieser Prozess immer wieder erscheint. Doch du bist ein leuchtender Stern, der es verdient hat, frei zu sein, angstfrei zu sein. Es ist ganz leicht, glaube mir.

So wie du deinen Körper anspannen und loslassen kannst, genauso einfach ist es auch mit allen seelischen Verletzungen und Ängsten. Es ist nur die Illusion, die dich davon abhält, die dir sagt, mach das nicht, es könnte etwas Schlimmes passieren, wenn du diese Angst loslässt. Aber ich sage dir, vertraue, es wird nichts geschehen, was nicht geschehen soll. Wäge bitte immer mit dem Verstand ab, aber lass dich nicht länger von Illusionen blenden. Folge deinem Stern. Ich lege jetzt meine Hand auf dein Herz, um dir zu zeigen, welche Ängste, Verletzungen und Themen dein Sein belasten. Verschließe dich nicht länger, schaue für einen Moment hin, denn wir helfen dir gerne, die für dich traumatisch erlebte Situation in Liebe aufzulösen. Nimm dir Zeit und schaue gemeinsam mit mir in die Tiefe."

Nach einiger Zeit steht Sanat Kumara auf und begrüßt das Einhorn Apollonia, indem er es liebevoll über seine silbern glitzernde Mähne streichelt. Apollonia beginnt mit der Lichtenergie aus ihrem Lichthorn einen fünfzackigen Stern in die Erde zu zeichnen. Durch ihre Lichtenergie drückt sich das Gras nach unten und ergibt die Form eines Sterns.

Mit einem funkelnden Blick fordert sie dich auf, zu ihnen zu kommen. Du stehst nun zwischen den beiden und ihr schaut gemeinsam auf den Stern, der zu leuchten beginnt.

Apollonia sagt: „So wie dieser Stern bisher geschlafen hat, hast du auch noch schlummernde, unentdeckte Fähigkeiten in dir, die dir durch Ängste verschlossen, ja unerreichbar schienen. Ich küsse dich und deine Ängste jetzt mit der Einhornenergie, damit du sehen kannst, was dir heute offenbart werden soll."

Sie bittet dich, direkt in die Mitte des Sternes einzutreten, und berührt ihn jetzt mit ihrem Lichthorn. Du wirst augenblicklich in Licht eingehüllt und ein wohliges Gefühl erfasst dich und bringt jetzt eine Vision, einen Gedanken, ein Bild zu dir, das dich weiter auf der Suche nach deinem Weg führen und begleiten darf. Nimm dieses warme Licht, die schöne Energie und die zukunftsweisenden Bilder in dir auf und genieße diesen erhabenen Moment. Ganz liebevoll schauen dich Sanat Kumara und Apollonia an. Sanat Kumara reicht dir seine Hand, und du trittst wieder aus dem Stern heraus.

Apollonia sagt: „Dein Stern hat fünf Ecken, und in jeder soll Liebe für dich stecken. Die erste für die Heiterkeit, die zweite für dein Seelenkleid, die dritte für dein großes Tun, die vierte sagt, du darfst auch mal ruhen und in der fünften, wie soll es anders sein, steckt die Liebe des Vaters für sein Engelein. Geh weiter voran, und verteil dein Licht, denn der Vater hält immer, was er verspricht."

Sanat Kumara umarmt dich und verabschiedet sich für den Moment von dir. „Gehe mit geradem Rücken und erhobenem Kopf, frei von Angst weiter auf deinem Weg, ich bin alle Zeit bei dir, rufe mich, wenn du meinen Rat oder meine Hilfe benötigst." Du bedankst dich bei Sanat Kumara und Apollonia. Für den Moment ist es an der Zeit, das Erlebte zu erspüren und weiter daran zu wachsen, um eine neue Leichtigkeit des Seins zu erfahren. Du kommst ganz entspannt zu deinem Ausgangspunkt zurück.

ATLANTIS

Bedeutung der Karte:
Wenn die Karte Atlantis zu dir kommt, ist sie ein Zeichen dafür, dass Altes gehen darf und sich deine Schwingung erhöhen wird durch die Einhörner, die dich mit ihrer Liebe und Reinheit berühren.

Auch die Schwingung in deinem Haus oder in deiner Wohnung wird sich durch die Anwesenheit der Einhörner erhöhen. Dies wiederum lädt auch viele andere Lichtwesen wie Engel oder Feen ein, in deiner Nähe zu sein.

Zu Zeiten von Atlantis war es ganz normal, mit seinem Einhorn zu kommunizieren und auf seinen weisen Rat zu hören, da die Einhörner durch ihre Reinheit immer das Beste für die Menschen im Fokus hatten. Lass dich vom Hohen Rat der Einhörner berühren und dich zu deiner Atlantischen Erinnerung, zu deinem „alten Wissen" zurückbringen. Sie lassen aus ihren Lichthörnern reine Kristallenergie zu dir fließen, die dir hilft, karmische Verstrickungen aus dieser Zeit auf wundervolle Art und Weise aufzulösen. Sie richten ihre Lichthörner über dir zusammen, und ihr Funkenregen berührt dich ganz liebevoll dort, wo dein Atlantisschmerz am tiefsten sitzt.

Sie sind bei dir, um dir die durch viele Inkarnationen getragenen schweren Energien zu nehmen, damit du dich leicht und befreit auf die Themen deines jetzigen Lebens konzentrieren kannst.

Du wirst ihr Wirken ganz sanft, aber dennoch dynamisch spüren. Alles geschieht im Tempo deiner Entwicklung, und es wird sich so anfühlen, als wären diese Themen nie dagewesen!

Übung/Meditation:

Entspanne dich und rufe den Hohen Rat der Einhörner an, um von ihm alle in dir verhafteten Atlantis-Themen transformieren zu lassen. Sirius vom Hohen Rat der Einhörner steht jetzt direkt vor dir und begrüßt dich im Namen der vereinten Gruppe. Er bittet dich, die Augen zu schließen, und die Einhörner beginnen, mit ihren Lichthörnern Punkte in der Tiefe deines Seins zu berühren, die noch nie zuvor berührt worden sind.

Sirius sagt: „Wir lösen jetzt deine karmischen Verstrickungen, die mit Atlantis einhergehen, auf. Gib dich dem Moment hin und lass geschehen, was endlich geschehen darf!"

Vielleicht bekommst du Bilder, Visionen, Gefühle oder Erinnerungen gezeigt. Genieße den Moment der Auflösung und fühle, wie du immer leichter und freier wirst. Ein weiteres Einhorn steht neben dir und sagt: „Ich bin Xantinus und schenke dir die Erinnerung an unsere Verbindung und unser gemeinsames Wirken zurück." Xantinus berührt dich, und schon läuft ein Film vor deinen Augen ab, der dir zeigt, welches Leben du hier in Atlantis geführt hast, und wie normal und wunderbar es war, mit den Einhörnern zusammen zu sein. Nimm all das Schöne und auch das weniger Schöne wahr, denn hier und jetzt lösen die Einhörner Vergangenes auf. Bitte sprich jetzt in deinem Geist drei Mal: „Ich verzeihe mir und allen anderen Wesen, was ich getan und andere mir getan haben."

Xantinus flüstert: „Alles ist gut, alles erlischt!" Auch alle Flüche und Situationen von Machtmissbrauch sind hiermit eingeschlossen und drehen nicht länger das Karmische Rad.

In Atlantis waren die Künste hoch angesehen und jeder hatte wundervolle Talente, ob du ein Maler warst, ein Dichter oder ein Architekt. Wer du warst, wirst du gleich erfahren, denn Cassjopeia steht neben dir und schenkt dir durch ihre Berührung die Erinnerung an deine Talente, deine „besonderen" Fähigkeiten zurück und berührt dazu das Zentrum deiner Kreativität in dir mit ihrem Lichthorn. Sie gibt dir die nötigen Impulse, den Pinsel wieder zur Hand zu nehmen und zu malen, zu singen, zu musizieren oder was auch immer du jetzt verspürst. Bitte lebe deine Talente und lass sie nicht länger verkümmern!

Spüre, wie deine Seele sich treiben und fallen lässt und schenke dir selbst das Glück deiner gelebten Talente. Es wird dein eigenes Gefühl zu dir enorm verstärken, und du wirst dich selber in einem neuen Licht sehen können. Sirius spricht leise zu dir:

„Ich bringe dir nun die Erinnerung an dein altes Wissen zurück, es wird sich langsam wieder einstellen, so wie du es brauchst und verarbeiten kannst. Vertraue und wisse, dass alles zur rechten Zeit abrufbereit sein wird!“ Sirius berührt dich mit seinem Lichthorn des Wissens und lässt dieses Licht durch deinen Scheitel in dich einfließen.

Der Hohe Rat spricht als vereinte Stimme zu dir: „Wir Einhörner sagen dir, du bist so wundervoll in deiner ganzen Göttlichkeit, lebe sie! Wir unterstützen dich, wo wir nur können und worum du uns bittest. Gehe voran in Leichtigkeit, wir schenken dir unser Geleit zu jeder Zeit.“ Wenn du magst, verweile weiter in der schönen Energie oder kehre langsam zu deinem Ausgangspunkt zurück.

DEINE PERSÖNLICHEN EINHÖRNER

Bedeutung der Karte:
Wir sind an deiner Seite. Du hast diese Karte gezogen, da deine persönlichen Einhörner jetzt direkt neben dir stehen und dich auf deinem Lebensweg begleiten möchten.

Wir alle haben persönliche Einhörner, so wie wir Schutzengel haben, die immer an unserer Seite stehen und bereits unseren Lebensplan kennen. Die Einhörner begleiten uns wahrhaftig bei jedem unserer Schritte, ihre Führung ist stark spürbar. Lerne wieder, mit ihnen zu kommunizieren, ihre Botschaften und Zeichen wahrzunehmen und öffne dein Herz und lade sie ein, hineinzukommen. Gib ihnen ihren Platz in deinem Herzen zurück. Auch wenn du sie bereits schon in dein Leben integriert hast, möchten sie dich immer wieder mit dem Ziehen dieser Karte wissen lassen, wie sehr sie dich lieben.

Um dich ihnen noch näher zu fühlen, kannst du eine Verbindungsaffirmation kreieren oder die nun folgende anwenden:

Voller Liebe bin ich jetzt auf allen Ebenen meines Seins mit meinen Einhörnern verbunden.

Übung/Meditation:

Bitte stelle dir vor, wie in deinem Herzen eine Rose erblüht. Die schönste Rose, die du dir vorstellen kannst, erblüht jetzt in einer Farbe, die du besonders liebst. Jedes Blatt entfaltet sich, und du atmest den wundervollen Duft der Rose deines Herzens ein. Bitte sende jetzt aus ihrer Mitte heraus einen wundervollen, endlos langen Regenbogen. Gehe durch dein Herz, durch die erblühte Rose, auf den Regenbogen. Du beginnst auf ihm zu schweben und spürst augenblicklich Freude und Leichtigkeit. Wenn du möchtest, tanze auf ihm, immer weiter …

Du spürst, wie dich eine Welle der Liebe erfasst, und du erblickst drei Einhörner auf dem höchsten Punkt des Regenbogens. Es sind deine persönlichen Einhörner, die dort auf dich warten. Ein weibliches Einhorn, ein männliches Einhorn und ein kleines Fohlen. Jetzt stehst du direkt vor ihnen – ein unglaublich schöner, freudiger Moment. Du schaust zuerst dem weiblichen Einhorn in die funkelnden Augen, berührst es sanft zur Begrüßung und fragst es: „Wie heißt du, liebes Einhorn?" Mit seinem Lichthorn berührt es dich in der Mitte deines Herzens und ein warmes, zartes Kribbeln erfasst dich, und du empfängst jetzt seinen Namen. Vertraue dir und deiner Intuition. Ihr verschmelzt für einen Moment in eurer kraftvollen Energie.

Du löst dich und wendest dich dem männlichen Einhorn zu. Du berührst es sanft zur Begrüßung und fragst es: „Wie heißt du, liebes Einhorn?" Es berührt mit seinem Lichthorn dein drittes Auge, und eine kühle, kräftige, aber dennoch ganz liebevolle Energie fließt in dich hinein wie ein Windhauch. Du erfährst durch diese Berührung den Namen des männlichen Einhorns. Vertraue dabei deiner ersten Eingebung. Ihr verschmelzt für einen Moment in dieser kraftvollen Verbindung. Du löst dich wieder, denn um deine Beine springt fröhlich das kleine Einhornfohlen. Du kniest dich zu ihm und streichelst es ganz sanft. Du fragst das Kleine: „Wie heißt du, kleines Einhorn?“ Es kommt dir ganz nah und berührt mit seinem Minilichthorn deinen Solarplexus, und eine Welle der Freude, der Leichtigkeit und der Verspieltheit fließt durch dich. Und du empfängst durch eure telepathische Verbindung den Namen des kleinen Fohlens. Du setzt dich und nimmst das Fohlen auf deinen Schoß.

Das weibliche und das männliche Einhorn richten über dir ihre Lichthörner zusammen und lassen einen wundervoll glitzernden Einhornsegen auf dich und deinen vor dir liegenden Lichtweg regnen. Die Lichtfunken berühren und streicheln dich, und du erfährst ein unglaubliches Wohlgefühl. Als vereinte Stimme sprechen sie zu dir: „Wir sind immer an deiner Seite.“ Du stehst auf und umarmst deine Einhörner, kuschelst deinen Kopf an ihre weichen Mähnen. Ihr geht gemeinsam über den Regenbogen zurück zu deinem Herzen, das du mit der Rose geöffnet hast. Du gehst wieder zurück in dein Herz, und die Einhörner folgen dir. Du schließt die Rose wieder zu einer Knospe und somit die Einhörner in dein Herz. Sie sind jetzt und für alle Zeit an deiner Seite.

Hier kannst du ihre Namen notieren:

Name des weiblichen Einhorns: ....

Name des männlichen Einhorns: ....

Namen des Einhornfohlens: ....

DER HOHE RAT DER EINHÖRNER

Bedeutung der Karte:

Wenn dich die Karte des Hohen Rates der Einhörner erreicht, teilt diese dir mit, dass eine Veränderung in deinem Leben ansteht. Der Hohe Rat der Einhörner besteht derzeit aus zwölf weisen, aufgestiegenen Einhornwesen, die ihre Energie verschiedenen Wirkungsbereichen zugeordnet haben und somit die gruppenältesten Einhörner einer Einhornherde sind. Alle zusammen sind sie der Hohe Rat der Einhörner. Sie wirken Hand in Hand mit der Weißen Bruderschaft und somit mit den aufgestiegenen Meistern. Der Hohe Rat nimmt dich in seine Mitte, um zu verkünden, dass etwas sehr Großes und Positives für dich ansteht. Sei es eine Hochzeit, eine Schwangerschaft, ein Arbeitsplatzwechsel oder auch auf spiritueller Ebene die Verkündung von Wandel und Aufträgen zum Dienst an und auf der Erde. Empfange die Botschaften dieser weisen Lichtwesen.

Übung/Meditation:
Begegnung mit dem Hohen Rat der Einhörner

Der Hohe Rat der Einhörner betritt den Raum, und dir stockt der Atem von so viel Anmut und Liebe. Eine Welle der Liebe fährt durch deinen Körper. Eines der Einhörner kommt dir ganz nahe und berührt dich mit einem silbernen Lichtstrahl aus seinem Lichthorn an deinem Veränderungschakra, das sich auf deinem Rücken befindet. Atme und lass geschehen. Ruhe breitet sich in dir aus. Du befindest dich inmitten des Hohen Rates der Einhörner, bist den Lichtpfaden bis hierher schon gefolgt. Verkündest so viel vom Licht und der Liebe. Du hast einen großen Auftrag! Lass dich von der höchsten Energiefrequenz der Einhörner des Hohen Rates segnen und gehe in eine wundervolle Zeit! Himmlisches Geleit durch Einhörner, Engel, MeisterInnen und

Lichtwesen ist dir auf deinem Weg sicher. Der Hohe Rat der Einhörner steht dir immer zur Seite. Freue dich auf alle Veränderungen deines Lebens.

EINHORNHERDE

Bedeutung der Karte:
Einhörner sind Herdenwesen, eine Einhornherde ist eine große Familie. Mit dem Ziehen dieser Karte sagen dir die Einhörner, dass du deiner Familie heute ganz viel Aufmerksamkeit schenken solltest. Vielleicht benötigt jemand deine Unterstützung, deinen Rat oder einfach nur eine liebe Umarmung. Rufe mal wieder jemanden aus deiner Familie an, den du längere Zeit nicht gesehen hast, vielleicht lebst du auch von deinen Eltern entfernt, rufe sie an und sag ihnen, wie lieb du sie hast. Du kannst auch eine Einhornherde rufen, wenn es Probleme in der Familie gibt. Die Einhörner werden auf himmlische Art und Weise unter allen Familienmitgliedern vermitteln.

Eine Einhornherde steht jetzt an deiner Seite und nimmt dich in ihre Mitte, um dich mit deinen gerade erlebten Themen und Situationen in Harmonie zu bringen. Spüre die Kraft, die dir durch die Einhornherde geschenkt wird. In der Einhornherde gibt es keinen Stillstand. Wenn sich die Einhörner gemeinsam in Bewegung setzen, gehen alle mit, und jeder wird von der Gemeinschaft getragen.

Übung/Meditation:

Rufe die Einhornherde der Weißen Bruderschaft zu dir. Spüre, wie sie sich alle um dich herum versammeln und sich ein unglaublich starkes Energiefeld um dich ausbreitet. Begrüße die Herde, berühre sie ganz sanft, streiche über die weichen Mähnen. Eines der Einhörner bittet dich, auf seinen Rücken aufzusteigen. Die Herde möchte mit dir gemeinsam durch den Einhornwald reiten. Sofort geht es los, alle Einhörner galoppieren im Einklang. Der Wind weht dir durchs Haar, und sie werden immer schneller und schneller. Es ist ein unglaubliches Gefühl, mit einer ganzen Einhornherde durch den Wald zu reiten. Freude steigt in dir auf, und du kannst sie kaum noch zurückhalten.

Die Herde gibt dir ein unglaublich kraftvolles Gefühl der Gemeinschaft und der kollektiven Energie der Einhörner. Du spürst, wie du angefüllt wirst mit kraftvoller Energie, die dich aufrichtet. Noch einmal über die Waldlichtung, dann eine scharfe

Rechtskurve, und ihr kehrt zurück an euren Ausgangspunkt.

Du fühlst dich unglaublich gut, alle Einhörner schnaufen vor Ausgelassenheit, und für den Moment ist es an der Zeit, sich von der Einhornherde der Weißen Bruderschaft zu verabschieden, die dich aber gern wieder einmal zu einem Ritt durch den Einhornwald einladen wird. Kehre gestärkt und erfrischt in deinen Alltag zurück.

EINHORNKRAFTORT

Bedeutung der Karte:

Die Einhörner übermitteln dir heute den Wunsch, gemeinsam mit dir einen Kraftort zu besuchen oder auch einen Kraftort in deinem Haus, deiner Wohnung oder in deinem Garten zu manifestieren, den du dann jederzeit erreichen kannst, um dich mit Energie aufladen zu lassen. Fühle hinein, wo dieser Ort sein könnte und gehe hin. Rufe die Einhörner und weihe gemeinsam mit ihnen diesen Ort als euren Kraftort. Bitte sie, hier eine Lichtsäule zu errichten, die dich immer wieder auflädt und kräftigt.

Es ist ein großer Segen, so einen Ort zu besuchen oder selbst zu manifestieren. Er strahlt über viele Kilometer, darf eine Quelle des Lichts sein und alle Seelen berühren, die gerne berührt werden möchten. Auch in Deutschland gibt es übrigens viele magische Felsen und Steinkreise. Es ist wundervoll, diese Orte zu bereisen – wie z.B. die Helfensteine auf dem Hohen Dörnberg bei Kassel oder die Exter Steine im Teutoburger Wald.

Doch am bekanntesten ist wohl Stonehenge, das du auch wie alle anderen Kraftorte dieser Erde auf der feinstofflichen Ebene besuchen kannst. Dazu lade ich dich in der folgenden Meditation mit Meister El Morya und dem Einhorn Sirius ein.

Übung/Meditation: Reise nach Stonehenge

Das Einhorn Sirius steht an deiner Seite und bittet dich, auf seinem Rücken Platz zu nehmen. Du steigst auf, legst deinen Kopf an seine kuschelig weiche Mähne, umarmst es und ihr schwebt los, hoch hinauf, immer weiter, immer höher …

Du schwebst mit Sirius durch Raum und Zeit und bist so entspannt und ruhig wie schon lange nicht mehr. Sirius teilt dir mit, dass ihr auf dem Weg zu einem magischen Kraftort seid, nach Stonehenge. Ihr kommt an, als die Sonne gerade erwacht, und ein atemberaubender Anblick bietet sich dir. Sirius landet sanft vor der unglaublich kraftvollen Kulisse. Du steigst ab und spürst sofort die Kraft dieses Ortes. Zwischen zwei großen Steinblöcken steht Meister El Morya mit unzähligen Einhörnern. Du schaust sie für einen Moment an, der Wind fegt durch die Mähnen der Einhörner, und Meister El Morya deutet dir an, näher zu kommen.

Langsam, noch ganz berauscht von der kraftvollen Energie und diesem Ort, gehst du auf sie zu und wirst herzlich begrüßt. Ihr geht gemeinsam in die Mitte des Steinkreises, und du erblickst eine Herde Einhörner, die im Kreis stehen und alle ihre Lichthörner nach oben halten. Blaue Lichtfunken regnen ganz sanft zu dir herunter.

Eine Welle der Liebe überkommt dich, und du bleibst in ihrer Mitte stehen, schließt die Augen und genießt diesen energiegeladenen Moment. Das Einhorn Sirius steht vor dir, berührt jetzt mit seinem Lichthorn dein Herz und spricht zu dir: „Ich bin Sirius und berühre dein Herz, um dir das Bewusstsein über die Einhornenergie zu schenken. Die Existenz unserer zarten, aber dennoch starken und kraftvollen, alles verändernden Energie. Die dich ohne, dass du es merkst, in ungeahnte, noch nie gesehene

Dimensionen schwingt, in denen sich dein wahres Sein entfalten kann. Damit du alle Informationen bekommst, die jetzt hier in diesem Moment für deine Existenz von Bedeutung sind. Meine Kraft ist alle Zeit mit dir! Das Wichtigste in deinem Leben ist Vertrauen. Vertraue uns und lass dich zurück in dein kindliches Urvertrauen führen, damit du uns klar und deutlich spüren und wahrnehmen kannst. Der Schlüssel zum Vertrauen ist die Liebe!"

Sirius sagt: „Du bist heute hier an diesen Ort gekommen, um durch ein Weiterentwicklungs-Dimensionstor zu schreiten, begleitet von der Einhornenergie des blauen Strahls."

Du siehst, wie sich vor dir ein großes Lichttor öffnet, und Meister El Morya hält seine Hand auf den unteren Bereich deines Rückens. Du spürst, wie eine kraftvolle Energie deine Urängste, die sich an diesem Punkt gesammelt haben, herauszieht.

Meister El Morya sagt: „Lass sie los und vertraue. Gehe voran, deinen dir vorbestimmten Weg. Spüre deutlich dein Urvertrauen in die göttliche Liebe, die dich schon so weit gebracht hat und heute hier an diesen Punkt. Dieser Ort diente zu allen Zeiten allen Menschen als Dimensionstor zur geistigen Welt. Lass dich tragen von deinem Vertrauen in uns und in das Leben. Wage gemeinsam mit den Einhörnern an deiner Seite jetzt den entscheidenden Schritt."

Sirius geht voran. Du spürst dieses unbändige Vertrauen in dir, weißt nicht, was jetzt geschehen wird, wenn du durch dieses Lichttor gehst. Du wagst beherzt einen Schritt nach dem anderen und schreitest mit den Einhörnern durch dieses Tor. Im nächsten Moment erfasst dich strahlend helles Licht, und du wirst angehoben und schwebst immer weiter, immer höher hinauf, um nun direkt an der Quelle der Liebe anzukommen. Du wirst umspült von Farben, Licht und Wasser ... Wirst gereinigt, gestärkt, umhüllt, belebt, erfrischt, ja es gleicht einem körperlichen, geistigen und seelischen Frühjahrsputz. Du spürst, wie unbändige Freude und Leichtigkeit in dir aufsteigen – du fühlst dich so klar, strahlend und frei!

Du schwebst nun langsam in Begleitung deiner Einhörner zurück in den Kreis. Das Tor schließt sich wieder. Meister El Morya legt seine Hand auf dein Herz und sagt: „Fühle und spüre dich! Fühle dein wahres Sein ... Spüre das, was nun vor dir liegt und nimm jetzt ganz deutlich wahr, welche Situationen in deinem Leben noch der Bereinigung bedürfen. Was solltest du ordnen, neu strukturieren, verändern und dir und deiner neuen Energie anpassen? Setz dich inmitten der Einhörner auf den Boden, spüre mit deinen Händen die Erde dieses Ortes, schließ die Augen und schau dir alle Ebenen und Verbindungen deines Lebens an. Empfange alle Informationen, die jetzt hier für deine Existenz von Bedeutung sind. Eine neue Zeit, eine neue Dimension hat sich dir hier und heute eröffnet und schenkt dir neue Impulse für dein Leben."

Sirius spricht zu dir: „Wir Einhörner nähren mit unserer Lichtenergie das Licht in dir, und dadurch werden die Schatten immer kleiner. Wir führen deine Seele, und wenn du dich unserer Führung anvertraust, bringen wir eine enorm starke Dynamik in dein Leben und führen dich an deinen für dich vorgesehenen Platz, wo auch immer er sein mag. Voller Liebe und Dankbarkeit, dass du uns dein Gehör und Vertrauen schenkst, gehen wir jeden Schritt mit dir auf deinem Erdenweg. Die Lichtenergie der Einhörner ist mit dir."

Gehe noch einmal durch die Reihen, berühre all die Einhörner ganz sanft und genieße ihr Geschenk der Liebe und des Vertrauens, das sie nun alle gemeinsam hier an diesem Ort für dich manifestieren. Es ist an der Zeit, dich für den Moment bei Meister El Morya, Sirius und all den anderen Einhörnern zu bedanken und dich zu verabschieden.

Meister El Morya und Sirius begleiten dich aus dem Steinkreis heraus, und du umarmst noch einmal Meister El Morya und einen der großen Steine und nimmst die Kraft und die Energie in dir auf. Steige nun auf Sirius‘ Rücken und schwebe mit ihm davon. Hoch hinauf, wieder zurück zu deinem Ausgangspunkt.

EINHORNLICHTTOR

Bedeutung der Karte:
Die Karte des Einhornlichttors ist ein Geschenk der geistigen Welt an dich, dass dir heute ein großer Zugang in die Lichtsphären ermöglicht wird. Es ist ein Zeichen für dich, dass die geistige Welt dich für einen Moment besonders hoch schwingen lässt und das Licht in dir erhöht, um heute zu manifestieren, was du erschaffen möchtest, oder auch, um für das Kollektiv zu wirken.

Meditiere und spüre deine tiefe Verbindung zu den Engeln, Einhörnern, Meistern, Lichtwesen und zu Gott. Das Lichttor hat sich dir geöffnet, damit du für einen Moment heimkehren kannst, um deine

Lichtfamilie zu sehen. Die Einhörner wissen um dein „Heimweh“, also gehe durch das Lichttor und verweile für einen Moment im Licht, um gestärkt für deinen Erdenauftrag zurückzukehren. Dies ist ein besonderes Geschenk der Einhörner an dich!

Übung/Meditation:
Für zwei Personen oder Gruppen
Nehmt euch an die Hände und schließt den Kreis. Bittet die Einhörner in eurer Mitte, ein Lichttor zu öffnen, und verankert dieses Licht unter euch, im Mittelpunkt der Erde und sendet es nach oben zur Quelle der Liebe. Verbindet eure Herzen mit dem Lichttor, sammelt eure Gedanken und sendet eure guten Wünsche und Bitten an Orte, Regionen, Menschen und Tiere, die in Not geraten sind und der Hilfe bedürfen.

Sendet dafür aus eurem Herzen eine Regenbogenlichtbrücke an den Zielort aus, über welche die Einhörner wandeln können, um sofort eurer Bitte zu entsprechen und zu helfen, wie es ihnen möglich ist. Segnet Eure Bitte oder euren Wunsch immer abschließend mit Liebe, Licht und Einhornsegen.
Es werde Frieden auf Erden.

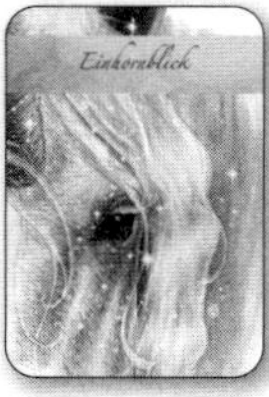

EINHORNBLICK

Bedeutung der Karte:

Die Einhörner schauen mit einem liebevollen Blick in die Tiefe deiner Seele und sagen dir: „Wir sehen jeden Schmerz, jede Enttäuschung in dir. Die Enttäuschung ist etwas Positives, denn wenn du enttäuscht bist, ist die Täuschung vorbei."

Durch das Ziehen dieser Karte sagen dir die Einhörner, dass es etwas in deinem Leben gibt, das nicht in Liebe ist, und sie dir die Erkenntnis darüber vermitteln möchten.

„Selektiere mit dem Herzen, du geliebtes Wesen. Wir schenken dir durch unsere Berührung und durch den Segen, den wir dir jetzt in diesem Moment senden, den Blick der Liebe. Du wirst erkennen, wer oder was nicht in Harmonie und Liebe mit dir und deinem Leben ist. Du hast dann die freie Wahl, dich von diesen Menschen oder Situationen zu verabschieden. Wenn das nicht möglich ist, darfst du die nötige emotionale Abgrenzung dazu erlangen. Lass dich nicht länger kleinmachen, du bist voller Liebe und so unendlich großartig!

Wir lieben dich so sehr, deine Einhörner …"

Übung/Meditation:
Blick der Liebe

Wenn du in deinem Umfeld verunsichert bist, nicht weißt, wer wirklich deine Freunde sind und ob die Menschen ehrlich zu dir sind, anstatt heimlich über dich zu tuscheln – dann lass dich nicht kränken, sondern umgib dich mit den Menschen, die mit dir in Liebe sind. Die Einhörner schenken dir dafür den Blick der Liebe.

Damit du unterscheiden kannst, rufe sie und bitte sie darum, dir den Blick der Liebe zu verleihen, damit du deine wahren Freunde erkennen und mit weit geöffnetem Herzen in deinem Leben, ohne Angst vor Enttäuschung, mit deinen Freunden sein kannst. Die Einhörner werden dir ganz genau aufzeigen, wo du Obacht geben solltest oder dich einfach etwas distanzierter verhalten solltest, wie das z.B. oftmals am Arbeitsplatz der Fall ist.

EINHORNWALD

Bedeutung der Karte:

Wälder wirken immer klärend und reinigend auf Körper, Geist und Seele. Bereits nach einem kurzen Spaziergang können wir mit unserem Bewusstsein die Schönheiten der Natur wieder wahrnehmen. Ob kleine Blümchen, funkelnde Tautropfen auf einem Grashalm oder auch die Bewohner des Waldes, wie Einhörner, Elfen, Feen, Gnome, usw.

Wenn du mit offenem Auge und Herzen durch den Wald gehst, wirst du bestimmt typische Elfenwohngebiete sehen können, wie beispielsweise einen von Efeu umrankten Baumstumpf.

Mit dem Ziehen dieser Karte laden dich die Einhörner ein, die Bewohner deines Waldes oder auch die deines Gartens kennenzulernen. Wenn du beginnst, mit ihnen zu kommunizieren, ihnen Veränderungen mitzuteilen und sie zu bitten, mitzugärtnern, wird sich dein Garten prächtig entwickeln bzw. der Wald an Schönheit, Kraft und Energie gewinnen.

Alle Wesen wollen gesehen und gehört werden.

Übung/Meditation:
Suche dir einen ruhigen Ort im Wald oder in deinem Garten und lerne deren Bewohner kennen. Lade die dort lebenden Elfen, Feen und Gnome auf ein Gespräch ein und sag ihnen, dass du gerne fragen möchtest, wie es ihnen geht oder ob du etwas für sie tun kannst.

Dann schließe die Augen und lausche, vielleicht raschelt und knackt es, oder du kannst sofort mit ihnen sprechen oder hörst sie reden. Ja vielleicht schimpfen sie auch gerade über die Unachtsamkeit einiger Menschen. Sie werden aber deine gute Absicht sehen und aus dieser Energie heraus mit dir kommunizieren. Schau, wie du ihnen Gutes tun kannst, sie werden dir deutlich mitteilen, was benötigt wird. Nachdem ich zum ersten Mal mit den Wesen in meinem Garten kommuniziert hatte, durfte ich kurze Zeit später mit geöffneten Augen sehen, wie eine Elfe direkt vor meinen Augen vorbeiflog.

Wenn du Veränderungen in deinem Garten vornimmst, teil den Bewohnern dies vorher mit, damit sie genug Raum und Zeit haben, ihren Wohnort zu verlegen. Wenn du Probleme mit Schnecken oder Maulwürfen hast, sprich mit ihnen, und du wirst wundersame Veränderungen wahrnehmen. Lebe im

Einklang mit der Natur mit allen Wesen und sei achtsam im Umgang mit ihnen.

EINHORNSEGEN

Bedeutung der Karte:

Mit dieser Karte erreicht dich der Segen der Einhörner, der ein mächtiges Geschenk ist, denn ein Segen ist ein Zustand der göttlichen Vollkommenheit, den dir dieser Moment gerade durch den Einhornsegen geben möchte. Dein Wirken und Sein ist ein Segen für die Welt, gib diesen Segen weiter und verbreite ihn überall, wo du bist. Versende LIEBE, LICHT und EINHORNSEGEN!

Zu Segnen bedeutet, eine der größtmöglichen positiven himmlischen Mächte anzuwenden, und das obliegt allen Menschen. Du wirst schnell bemerken, wie der Segen durch das Segnen z.B. deine Familie verändert, die Kinder friedlicher miteinander umgehen und dein Partner aufmerksam und liebevoll ist, da du eure Beziehungen zueinander gesegnet hast. „Es sind viele prüfende Energien zugange, denn du befindest dich auf dem Weg hin zu deiner

Meisterschaft, geliebtes Wesen. Die wichtigste Botschaft für dich ist, dein Leben, die Herausforderungen sowie alles, was dir begegnet, immer wieder zu segnen. So verleihst du einer für dich als negativ empfundenen Situation positive Energie und somit auch deinem Glauben an die Himmlischen Mächte."

Übung/Meditation:
Segen schenken

Nimm dir Zeit, einen Zettel und einen Stift – überlege und schreibe einmal auf, wem oder was du alles segnen könntest. Indem du dir Gedanken darüber machst, sendest du diese positive Energie schon aus. Dein von Herzen kommender Segen veranlasst durch das Gesetz der Resonanz, beispielsweise einen Menschen, der gerade an einem Obdachlosen vorbeigeht, ihm einen Tee zu kaufen, ein Brötchen zu schenken oder ein wenig Geld zu geben.

Segnen bedeutet, ein Stückchen himmlische Liebe im Miteinander zu verbreiten. Schenken und beschenkt werden ist etwas ganz Wundervolles, mache es dir zur Gewohnheit, großzügig mit dem Verschenken des Segens zu werden, denn es ist genug für alle da. Die Einhörner werden dir voller Freude beim Verteilen zur Seite stehen.

EINHORNTRAUM

Bedeutung der Karte:
Einhornträume sind etwas ganz Besonderes. Sie zeigen immer einen bevorstehenden Wandel, einen Hinweis in die ‚richtige' Richtung an. Einhörner erscheinen auch in der Nacht, um Menschen wach zu küssen, sie zu öffnen für die Erinnerung an das Göttliche in ihnen. Auch kannst du die Einhörner darum bitten, dir nachts in deinen Träumen zu erscheinen, um dir Fragen zu beantworten. Sie tun dies auf eine ganz wundervolle Art und Weise. Einhornträume sind immer ganz real, und du wirst dich am Morgen ganz bestimmt an sie erinnern können. Auch kannst du dein Unterbewusstsein darauf trainieren, deine Traumwelt bewusst hervorzubringen. Wenn du in deinem Bett liegst und kurz vor dem Einschlafen bist, widme deinen letzten Gedanken deinem Unterbewusstsein und bitte es, sich dir in deinen Träumen zu offenbaren und dir die Antworten auf deine Frage durch die Anwesenheit der Engel und Einhörner zu zeigen. Beende deinen Gedanken mit der Bitte, dass du dich am Morgen klar und deutlich an alles erinnern kannst.

Übung/Meditation:
Er-Träume dir deine Zukunft!

Gönne dir bewusste Tag-Träume, schaffe dir eine schöne Atmosphäre, vielleicht mit Musik und Räucherwerk und lege dich für einen Moment an deinen Lieblingsplatz. Schließe deine Augen und träume von der schönsten persönlichen Vorstellung für eine Lebenssituation, die du dir erträumen möchtest. Ob Urlaub, Partnerschaft, Freundschaft, Kinder, etc. Fühle in die Sehnsuchtskammer deines Herzens hinein und wähle dir ein Bild eines Wunschtraums aus. Lausche der Musik und beginne zu träumen …

Träume, wie es sich anfühlt, wenn dein Traum Wirklichkeit wird. Wie du z.B. den Partner, den du dir so lange schon gewünscht hast, in den Armen hältst und ihr im bunten Herbstlaub einen Spaziergang durch einen wunderschönen Park macht. Spüre alles genau, es ist wichtig, den Traum zu fühlen! Male jeden Moment in den schillerndsten Farben aus, erfülle die Situation mit all deiner Liebe. Erträume dir diesen Moment deines Lebens so realistisch wie möglich!

Dann rufe die Einhörner der Wünsche, Träume und Visionen und lass deinen Traum von ihnen segnen. Segne ihn auch selbst, und denke dich immer wieder in diese schöne Situation hinein, nähre sie mit deiner positiven Gedankenkraft und mit ganz viel LIEBE! Verstärken kannst du deine Traumkraft mit einer dafür ausgewählten Affirmation, die du ganz individuell aussuchen kannst. Eine auf alle Situationen zutreffende wäre: Nur das BESTE wartet auf mich!

Vielleicht wird dann sogar die Realität noch schöner als der TRAUM!?

Ich wünsche dir ein traumhaftes Leben …

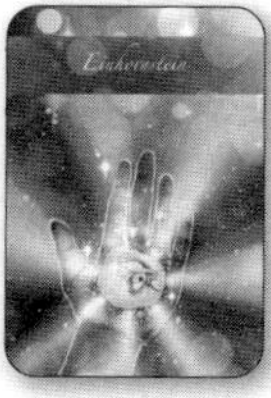

EINHORNSTEIN

Bedeutung der Karte:

Die Einhörner teilen dir mit dieser Karte mit:

„Nutze die Steine, die Edelsteine und die Kraft, die sie dir schenken möchten. Die Hilfe der Natur ist wichtig für dich und deinen Weg. Verbinde dich mit den Wesen der Steine, nutze ihre Kraft für dich und für dein Leben. Nimm ihr Geschenk in jeder Hinsicht an."

Ein Einhornstein ist etwas ganz Wunderbares, du kannst ihn dir selber erschaffen und aussuchen. Es kann ein Edelstein sein oder auch jeder andere

Stein, ob vom Strand mit der Erinnerung an den letzten Urlaub oder aber ein Stein, den du beim Spazierengehen am Wegrand findest. Du kannst deinen Stein bemalen, ob mit einem Einhorn oder mit einem Zeichen, das du mit den Einhörnern verbindest.

Du kannst ihn als Begleiter für jede Lebenssituation bei dir tragen, du kannst ihn nehmen und für ein paar Stunden in dein Trinkwasserglas legen. Du kannst ihn unter dein Kopfkissen legen oder ihn bei Schmerzen auflegen. Du kannst ihn, wenn du ein Heiler bist, bei deiner Arbeit benutzen. Du kannst ihn bei der Meditation in deiner Hand halten oder einem dir wichtigen Menschen schenken. Durch die Berührung des Steines wirst du eine fühlbare Verbindung zu den Einhörnern haben, die dich definitiv begleiten, ob mit oder ohne Stein. Wenn du deinen Stein gefunden, bemalt oder ausgesucht hast, nimm dir einen Moment Zeit für die Aktivierung seiner Wirkung für dich. Wenn du die Einhörner bittest, deinen Stein mit ihrer Kraft aufzuladen, wird sich seine Wirkung um ein Vielfaches intensivieren. Umgib dich mit der Kraft der Steine. Die Einhörner sagen: „Wir berühren jeden Stein, jeden Berg für dich, wenn du es wünschst. Unsere Energie wird sich mit der des Steines verbinden."

Übung/Meditation: Einhornstein aktivieren und weihen

Nimm deinen Stein in beide Hände und rufe die Einhörner. Du kannst deine persönlichen Einhörner rufen oder auch bestimmte, wie z.B. das Einhorn Löwenherz, wenn du dem Stein die Intention *Schutz* geben möchtest. Du kannst natürlich auch generell die Einhornenergie anrufen. Es werden stets die richtigen Einhörner an deiner Seite sein.

Dazu sagst du:

„Dieser Stein ist mein Einhornstein, bitte berühre ihn mit deinem Lichthorn, liebes Einhorn." Segne deinen Stein mit dem, was dir dazu in den Sinn kommt, wie z.B. Licht und Liebe. Vertraue darauf, dass es geschieht! Spüre, wie er in deiner Hand zu pulsieren beginnt, sich auflädt und immer kraftvoller wird.

Du kannst deinen Einhornstein auch zur Kommunikation mit den Einhörnern nutzen. Nimm den Stein in die Hand und erzähle ihnen, was dich traurig macht oder weshalb du sie um Hilfe bitten möchtest. Die Einhörner sind immer für dich da!

EINHORNBERÜHRUNG

Bedeutung der Karte:
Wenn ein Einhorn dich berührt, ist dies etwas ganz Besonderes. Einhörner berühren dich nicht so, wie ein Mensch es vermag, mit dem Gefühl auf der Haut, und auch nicht so, wie es die Engel tun, die dich „meistens" in deinem Herzen berühren und tröstend mit ihren Flügeln umfangen … Nein, ein Einhorn berührt die Tiefe deiner Seele an einem Punkt, den du bisher noch nicht kanntest. Sie bringen Gefühle und Erinnerungen in dir hervor, von denen du nicht wusstest, dass es sie gibt. Eine Einhornberührung ist ein unglaublich schönes Gefühl, das mit nichts zu vergleichen ist.

Du bist heute eingeladen, deine Seele in der Tiefe ihres Seins von den Einhörnern berühren zu lassen. Achte auf alle Bilder, Erinnerungen und Botschaften, die du durch die Berührung empfangen wirst. Vielleicht hörst du in der nächsten Zeit ein Lied, was dich auf einmal tief berührt und dir nicht mehr aus dem Kopf zu gehen scheint, das ein Gefühl in dir hervorruft, dich zum Träumen bringt oder wie heilender Seelenbalsam ist, der in jede Ebene deines

Seins rinnt. Erlebe, wie liebevoll die Einhörner dir mit Zeichen und Erfahrungen auf deinem Weg ganz nahe kommen und dich liebevoll begleiten. Sie schenken dir wahrhaftige Seelenführung durch Seelenberührung, in der auf dich wartenden Zeit.

Übung/Meditation:
Einhornberührung

Suche dir einen geschützten Raum, wenn du deine Seele von deinen dich liebenden Einhörnern berühren lassen möchtest. Schaffe dir eine angenehme Atmosphäre und schalte alles aus, was dich stören könnte. Setze oder lege dich ganz entspannt hin. Schließe deine Augen und bitte ein Einhorn, was sich von dir gerufen fühlt – oder deine persönlichen Einhörner – zu dir zu kommen. Einhörner kommen unserem Energiefeld so nah, dass du sogar ihre Aura spüren, wahrnehmen und erfühlen kannst, wenn du möchtest. Bitte das anwesende Einhorn nun, dein Herz mit seinem Lichthorn zu berühren, und erlebe, wie ein herrlich warmes Kribbeln dein Herz erreicht und du zu lächeln beginnst. Lass es einfach geschehen und genieße den Moment der Berührung, eurer Verbindung. Eine weitere Seelenberührung geschieht auf folgende Weise:

Einhörner haben ein Lichthorn, so wie wir ein

drittes Auge in der Mitte unserer Stirn haben. Bitte das bei dir anwesende Einhorn, sein Lichthorn mit deinem dritten Auge zu verbinden. Wenn du liegst, wird es über dir stehen und sich zu dir herunterbeugen. Wenn du sitzt, lasse deine Stirn langsam nach vorne sinken, bis du einen leichten Widerstand, ein Kribbeln oder einfach Wärme fühlst. Empfange nun Kopf an Lichthorn die Botschaft des Einhorns an dich. Nicht nur Worte, sondern auch Bilder oder Visionen können sich dir zeigen. Wenn du darin geübt bist, kannst du während der Verbindung auch die Augen geöffnet halten und gleich alles mitschreiben, was die Einhörner dir mitteilen. Lass dich berühren und das erwecken, wozu deine Seele gerufen ist.

EINHORNENERGIE

Bedeutung der Karte:

Die Einhörner sagen, dass du berufen bist, energetisch zu arbeiten, und dass heilende Fähigkeiten in deinen Händen liegen. Arbeite mit deinen Händen, wir können dich nur darin bestärken. Rufe uns zu deinen Behandlungen hinzu, ob du dich selbst behandelst, deine Familie, andere Menschen oder Tiere. Wenn du dies bisher noch nie probiert hast, ist das Ziehen dieser Karte ein Aufruf der Einhörner an dich. „Wir unterstützen dich bei diesem Tun und richten gemeinsam mit dir konzentrierte Einhornenergie auf die jeweilige Person und das anstehende Thema. Wie du deine Fähigkeiten anwendest und weiterentwickelst, liegt bei dir. Aber du hast sie, und deine Einhorn-Führung steht bereit, dich, wenn du es wünschst, in der Umsetzung anzuleiten. Wir begleiten dich zu jeder Zeit."

Deine dich sehr liebenden Einhornbegleiter

Übung/Meditation:
Einhornenergie zum Einklang empfangen

Rufe bitte deine persönlichen Einhörner an deine Seite. Fühle ihre liebevolle Anwesenheit direkt vor dir. Öffne deine Hände und halte sie ganz entspannt in Brusthöhe. Bitte dein weibliches Einhorn mit ihrem Lichthorn, den Mittelpunkt deiner linken Hand, dein linkes Handchakra, zu berühren. Fühle, wie die Energie in deine Hand strömt und es sich so anfühlt, als würde sich eine leere Batterie aufladen. Dein Handchakra füllt sich auf, und deine Hand wird immer schwerer und schwerer und sinkt leicht herab. Jetzt bitte dein männliches Einhorn, den Mittelpunkt deiner rechten Hand, dein rechtes Handchakra, zu berühren.

Fühle, wie auch hier die Energie in deine Hand hineinfließt und diese sich anfüllt mit Einhornlichtenergie. Sie wird schwerer und sinkt herab, bis du das Gefühl hast, beide Hände sind jetzt gleich schwer. Halte nun deine angefüllten Hände wie ein Dreieck vor deinem Herz aneinander, und lasse die Energie zwischen deinen Händen im Uhrzeigersinn im Kreis hin und her fließen, so verbindet sich die weibliche mit der männlichen Energie. Lege bitte jetzt deine linke Hand auf dein Herz (Herzchakra) und die rechte Hand auf deinen Bauch (Solarplexus).

Spüre, wie die Einhornenergie ganz warm kribbelnd zu dir strömt, und die Energien in dir, weiblich und männlich, in Einklang bringt. Du spürst, wie dein ganzer Körper leicht zu schwingen beginnt und alles in Balance gebracht wird. Du kannst die Einhornenergie zu jeder Zeit so in deinen Händen empfangen, ob von deinen persönlichen Einhörnern oder von jedem anderen Einhorn. Du kannst, wenn du sie kennst, ihren Namen nennen, oder sie einfach um Beistand anrufen – das richtige Einhorn wird sich augenblicklich auf den Weg zu dir machen. Du kannst nichts falsch machen, die Einhörner sind immer an deiner Seite und wissen genau, wie sie gemeinsam mit dir in jeder Situation ein gutes Team bilden.

EINHORNMEDIZIN

Bedeutung der Karte:

Wenn dich diese Karte erreicht, ist dies ein Rezept aus der geistigen Welt von deiner Geist- und Lichtführung, die dir Einhornmedizin verschrieben hat. Diese Medizin wird direkt aus der Apotheke Gottes durch einen himmlischen Boten zu dir versandt. Einhornmedizin ist die reinste, energieübertragene Form von mit Liebe angefüllter Lichtenergie, die auf die Erde transportiert werden kann. Sie entspringt dem Herzen Gottes, und es ist eine Gnade, sie durch ein Einhorn empfangen zu dürfen. Die Einhörner, die zu dir gesandt wurden, um dich mit der Einhornmedizin zu versorgen, sagen: „Wir sind wie Krankenschwestern, wir bleiben so lange bei dir, bis das jeweilige Thema vollständig aufgelöst in Heilung gegangen ist.“ Die Berührung dieser himmlischen Wesen ist ein Seelenbalsam der anderen Art, du wirst augenblicklich ihre Gegenwart und Geistesnähe spüren. Dein Herz wird sich von ihrer Berührung erwärmen, und die Liebe, die du dann spürst, und jeder Funke, der dich berührt, verflüssigt sich in deinem System und rinnt wie heilender Balsam dorthin, wo dein Seelen- und Weltenschmerz verhaftet ist. Er schließt die offenen Wunden.

Übung/Meditation: Empfange Einhornmedizin

Immer wenn dich diese Karte erreicht, ist es an der Zeit, deinem Seelen- und Weltenschmerz besondere Aufmerksamkeit zu schenken. Es gibt unendlich viele Themen, die deine Seele nicht verstehen kann, an denen sie krankt. Gerade in diesen Momenten sind die Einhörner an deiner Seite, um dich mit Einhornmedizin zu versorgen und deinen Schmerz zu lindern.

Angefangen bei Liebeskummer, Abschied oder traumatischen Erlebnissen bis hin zu Depression, Burn Out, usw. Wenn du dich in so einer Lebenssituation befindest, lege dich ganz ruhig hin und atme immer wieder tief ein und aus. Rufe die Einhörner und bitte sie, dich mit Einhornmedizin zu versorgen. Ihre Berührung wird jedes Mal anders sein, denn jeder Schmerz hat einen anderen Ursprung, eine andere Berührung nötig. Lass es geschehen und vertraue der ersten Hilfe der Einhörner und ihrer geistigen Kompetenz in Sachen Seelenschmerzlinderung.

EINHORNFOHLEN

Bedeutung der Karte:
Viele kleine Einhornfohlen haben sich um dich herum versammelt.

Sie möchten dich zum Spielen animieren, sie hüpfen fröhlich um dich herum. Berühren dich mit ihren Minilichthörnern und lassen die Energie der Freude, der Leichtigkeit und der Verspieltheit zu dir fließen. Oft nehmen uns die Sorgen des Alltags die Kraft und die Freude, manchmal auch die Lebensfreude. Wir werden traurig, schwer und melancholisch. Manchmal macht einfach nichts einen Sinn. In diesen Momenten bitten dich die Einhornfohlen, sie zu rufen.

Sie bringen dir die lebensnotwendige Leichtigkeit zurück! Denn in Phasen der Traurigkeit sind wir angreifbar und werden immer weiter geschwächt und müssen unendlich viel Kraft aufwenden, um wieder aus diesem Tal herauszukommen.

Erinnere dich an die Einhornfohlen, und durch ihre spielerische Art wirst du ganz schnell wieder die Sonne scheinen sehen.

Übung/Meditation: Einhornfohlengeburt

Entspanne dich an einem ruhigen Ort und bitte den König der Einhörner, dich zu eurer heutigen Verabredung abzuholen. Der König der Einhörner steht augenblicklich mit einem glitzernden Funken in seinem Blick neben dir und sagt: „Komm, wir müssen los, es ist sehr weit." Im nächsten Moment befindet ihr euch im Wald der Einhörner und geht geradewegs auf eine von vielen Bäumen umwachsene Lichtung zu, als du die Königin der Einhörner erblickst. Ihr begrüßt euch voller Herzlichkeit. Sie sagt: „Wie schön, dass du meinem Ruf gefolgt bist, heute hier bei uns zu sein. Es ist gleich soweit, unser Fohlen wird sich manifestieren. Du bist herzlich eingeladen, dabei zu sein, um mit uns gemeinsam das Wunder der Liebe und des Lebens zu erleben."

Du bist ganz gerührt – du darfst einer Einhornfohlengeburt beiwohnen. Nimm unter einem der Bäume Platz und mache es dir ganz bequem. Du spürst die Magie, die in der Luft liegt. Du darfst sehen, wie der König und die Königin der Einhörner ihre Lichthörner an den Spitzen zusammenführen und aus ihren Herzen ein Lichtregenbogen fließt, der sich in der Mitte trifft und verbindet. Sie sind wie in einer Lichtkugel miteinander verbunden, und du darfst einen ganz besonderen Moment erleben. Elfen kommen hinter den Bäumen hervorgelaufen und bereiten aus Moos einen kleinen, runden Teppich. Du beobachtest, wie es im Regenbogenlicht der Herzen der Einhörner zu glitzern und zu funkeln beginnt und sie ihr Licht gezielt auf den von den Elfen liebevoll ausgelegten Moosteppich richten. Die Geburt beginnt.

Und im nächsten Moment wird es sichtbar – es funkelt und glitzert. Dann, plötzlich ist es auch schon da, das kleine Einhornfohlen. Du bist zutiefst gerührt von diesem Erlebnis, und es ist kaum mit Worten zu beschreiben, wie viel Liebe gerade spürbar ist. Der König und die Königin umkuscheln es liebevoll und stupsen es zart mit ihren Schnuten an. Die Elfen haken sich ein und tanzen vergnügt im Kreis, ja eine unbändige Freude verteilt sich über allem und jeden. Und sie tuscheln dabei: „Er ist es, er ist es …“ Die Königin der Einhörner fordert dich mit einem liebevollen Blick auf, zu ihnen zu kommen. Ganz langsam stehst du auf und näherst dich ihnen. Du kniest vor dem kleinen Einhornfohlen und bestaunst, wie lieblich es ist. Aus seinem Minilichthorn fließt ein Regenbogen zum Herzen der Königin.

„Darf ich dir jemanden vorstellen?“, fragt diese mit sanfter Stimme. „Das ist Milan, und er wird schon bald zum Hohen Rat der Einhörner gehören und mit einer Herde Einhörner zur Erde kommen. Du darfst ihn gerne streicheln.“ Du berührst ihn ganz vorsichtig und siehst, wie es ihm gefällt und ihr euch gleich durch die Berührung verbindet. Die Königin erzählt weiter von seiner Aufgabe und von seinem Wirkungsbereich für alle Kinder und Tierkinder auf Erden. Seine Botschaft an euch lautet: „Es ist eine göttliche Freude, das Leben zu sehen, wie es gespeist und getragen von Liebe und Energie entsteht. Lebe die Unbekümmertheit deines Seins und lass dich niemals von der Last des Lebens erdrücken. Tue es den Kindern und Tierkindern gleich und lebe frei von Angst und Schuld. Wachse immer weiter über dich hinaus und schenke jedem Lebewesen deine bedingungslose Liebe. Ich bin alle Zeit bei dir. Ich bin Milan.“ Du bedankst dich bei dem König und der Königin für dieses wundervolle Erlebnis und kehrst voller Freude und Leichtigkeit in deinen Alltag zurück.

MICHAEL & LÖWENHERZ

Bedeutung der Karte:
In jeder Lebenssituation sind wir von vielen Energien umgeben, ob am Arbeitsplatz, im Einkaufszentrum oder auf dem Markt. Egal wo wir hingehen, wir kommen mit Menschen, Orten, Energien und Situationen in Berührung. Du kennst bestimmt das Gefühl, nach einem Einkaufsbummel total ermattet und müde zu sein, als hättest du eine sehr anstrengende Arbeit verrichtet. Das sind die Auswirkungen der Orte, an denen viele Menschen zusammenkommen, die mitunter auch unbewusst an dich andocken und sich an deiner Lichttankstelle bedienen. Das soll nicht bedeuten, das Shoppen aufzugeben, sondern einen Weg zu finden, nicht länger die Energietankstelle anderer zu sein.

„Lebe und habe keine Angst davor. Wir sind Erzengel Michael und das Einhorn Löwenherz und hier und jetzt bei dir an deiner Seite. Wir beschützen und führen dich durch alle Lebenssituationen, lassen dich die Dunkelheit erkennen und führen dich zum lichten Weg."

Eine wundervolle Verbindungsübung wurde mir von Erzengel Michael eines Morgens gezeigt, nachdem ich ihn darum bat, mir zu zeigen, wie ich mich vor Fremd- und Negativenergien am besten schützen kann und wie ich dies mit der Einhornenergie verbinden kann. Ich mache diese Verbindungsübung gerne am Morgen, die letzten zehn Minuten vor dem Aufstehen. Du kannst sie natürlich durchführen, wann immer dir danach ist und du Schutz benötigst.

Übung/Meditation:
Lass dich führen und rufe Erzengel Michael und das Einhorn Löwenherz an deine Seite. Bitte Erzengel Michael darum, dir eine goldene Schutzrüstung anzulegen. Die goldene Rüstung umfängt deinen Oberkörper, sodass besonders dein Herz, dein Solarplexus und dein Rücken geschützt werden. Oftmals geschehen Angriffe nämlich hinterrücks. Du wirst augenblicklich spüren, wie du aufgerichtet wirst und dich wirklich wohl und beschützt fühlst. Bitte Erzengel Michael, dich durch die Rüstung zu schützen – vor allen Angriffen, allen Fremd- und Negativenergien.

Bitte darum, dass sie an dir abblitzen und zu ihrem Ursprung, ihrem Absender, zurückgesendet werden. Deiner goldenen Rüstung ist dies mit und durch Erzengel Michaels Schutzenergie möglich! *Du bist beschützt!*

Deine Rüstung trägt einen wunderschönen Kristall an der Stelle deines Herzens. Bitte das Einhorn Löwenherz nach dem Anlegen deiner Rüstung darum, den Kristall mit seinem Lichthorn zu berühren. Das Einhorn Löwenherz verändert mit der Berührung seines Lichthorns die Farbe des Kristalls und sendet dir dadurch entweder Schutz, Heilenergie oder die für dich an diesem Tag nötige Information direkt in die Mitte deines Herzens und somit in dein Bewusstsein. Bitte erschrecke nicht, wenn der Kristall durch die Berührung braun oder schwarz wird. Dies ist eine Warnung des Einhorns, heute achtsam mit und in deinem Umfeld zu sein. Es ist leider nicht zu ändern, dass dir nicht immer alle Wesen wohlgesonnen sind, du darfst aber lernen, dies zu erkennen und damit gut umzugehen.

Bedeutungen der Kristallfarben der Einhornenergie:

Weiß/Transparent bedeutet: ***Zentrierung und Klarheit***
Rot bedeutet: ***Liebe und Herzöffnung***
Rosa bedeutet: ***Selbstliebe und Harmonie***

Blau bedeutet: ***Schutz und Kraft***
Grün bedeutet: ***Heilung und Konzentration***
Gelb bedeutet: ***Segen und Vergebung***
Orange bedeutet: ***Lebensfreude und Mut***
Lila bedeutet: ***Reinigung und Transformation***
Türkis bedeutet: ***Erkennen und Kommunikation***
Magenta bedeutet: ***Weiterentwicklung und Aufstieg***
Gold bedeutet: ***Führung und Frieden***
Silber bedeutet: ***Weisheit und Inspiration***
Opal bedeutet: ***Einweihung und Inneres Kind***
Regenbogen bedeutet: ***Chakrenausrichtung, Reinigung und Kreativität***
Braun/Schwarz bedeutet: ***Verführung und Manipulation***

Es könnte auch sein, dass du über eure telepathische Verbindung auch Worte oder Bilder von Erzengel Michael und dem Einhorn Löwenherz für dich und deinen auf dich wartenden Tag oder die dir bevorstehende Situation bekommst. Sei dir sicher, du bist in jedem Fall beschützt. Hab heute einen wundervollen Tag!

RAPHAEL & HIMMELSSCHUTZ

Bedeutung der Karte:

Beim Lesen dieser Karte betritt heilende Energie den Raum und hüllt dich liebevoll ein. Erzengel Raphael sagt dir, dass du das heilende Licht in deinen Händen trägst und somit auch die Fähigkeit hast, energetisch zu arbeiten, sei es als Geistheiler oder im medizinischen Bereich. Du kannst helfende und heilende Berufe zu deiner Berufung machen, denn deine wundervolle Energie wird dringend gebraucht. Rufe für kranke und bedürftige Menschen Erzengel Raphael und das Einhorn Himmelsschutz an. Auch wenn du einen Krankenwagen hörst, bitte Erzengel Raphael und Himmelsschutz den in Not geratenen Menschen zu helfen, so wie auch den Ersthelfern und Ärzten, damit sie die richtigen Handlungen durchführen und Menschenleben retten können.

Übung/Meditation:

Erzengel Raphael und Himmelsschutz helfen dir immer, wenn du energetisch wirken möchtest – ob für dich selbst, deine Familie, Freunde oder für

Menschen, die sich von deiner Heilkraft angezogen fühlen – rufe dann Erzengel Raphael und das Einhorn Himmelschutz.

Egal ob du eine bestimmte Heiltechnik anwenden oder diese Energie konzentriert in deinen Händen als Kanal empfangen möchtest, sie stehen an deiner Seite. Öffne deine Hände und lass sie von Himmelsschutz' Lichthorn berühren. Empfange das Licht der Heilung und lege deine Hände auf die schmerzenden Stellen oder das Herz auf.

Probiere es zuerst bei dir selbst aus. Erzengel Raphael, der große Engel der Heilung, berührt dich sanft mit seinen Lichtschwingen. Und das Einhorn Himmelsschutz stupst mit seinem Lichthorn die in dir in Disharmonie geratenen Regionen deines Körpers und somit auch deine Seele an. Beide öffnen deine Zellen, damit sie ganz viel heilende Lichtenergie empfangen können. Ebenso berühren sie dein drittes Auge, wenn du darum bittest, und öffnen es sanft. Sie senden dir Liebe, Licht und Heilung.

GABRIEL & SILBERSTERN

Bedeutung der Karte:

Erzengel Gabriel und das Einhorn Silberstern stellen sich gerne als dein Navigationssystem in deinen Dienst, wenn du sie darum bittest. Erzengel Gabriel umfängt dich mit seinen großen Lichtschwingen und berührt deine Intuition. Das Einhorn Silberstern steht hinter dir und berührt mit seinem Lichthorn dein Klarheitschakra, das sich in deinem Nacken befindet. Das Einhorn Silberstern stupst dich jetzt ganz liebevoll in die ‚richtige' Richtung deines dir vorbestimmten Weges. *Erzengel Gabriel und das Einhorn Silberstern zeigen dir den Weg, deinen Weg zu deiner Lebensaufgabe.*

Erzengel Gabriel spricht: „Mutig bist du, und das macht mich so unendlich stolz.

Du bist hier und hast den direkten Weg zu mir gewählt. Es erfordert immer Mut, den direkten Weg zu wählen, denn man sieht vorher nicht, wohin er führt. Du kannst nur diese unendlich starke Liebe fühlen und der Führung vertrauen lernen. Alle anderen Wege sind wohl mit dem Verstand sichtbar, aber dennoch führen sie dich immer wieder an denselben Punkt, zum gleichen Weg, den du schon von Anfang an hättest wählen können, den du aber nicht sehen, sondern nur fühlen kannst. Und heute, heute ist es endlich soweit, du stehst wieder genau hier an dieser Wegkreuzung und kannst gehen, voller Mut und Vertrauen. Wir begleiten dich bei jedem deiner Schritte. Begib dich auf den Weg, wir kennen dein Ziel und navigieren dich auf dem Weg, den du gewählt hast.

Übung/Meditation:
Führung und Zeichen verstehen

Wenn du nicht weißt, welchen Weg du einschlagen sollst, rufe Erzengel Gabriel und das Einhorn Silberstern und bitte sie um Navigation. Durch ihre Berührung wirst du einen kühlen Windhauch verspüren, der deinen Geist klärt und die Gedanken frei macht. Bitte sie, dir den richtigen Weg zu zeigen und dir ganz deutliche Zeichen zu senden, ob du nach rechts oder nach links gehen sollst. Diese Zeichen können auch im Traum zu dir kommen, wähle eine Geschwindigkeit. Möchtest du schnell vorankommen, dann wähle die Autobahn. Möchtest du die Schönheit des Weges erkennen, wähle die Landstraße, und bist du noch unsicher, wähle den Feldweg, auf dem du langsam, aber sicher vorankommst. Um die Wegweiser zu verstehen, gibt es eine leichte Methode. Schreibe dir die verschiedenen Wege auf Zettel und gib ihnen eine Richtung.

Ein Beispiel: Du hast dich um einen neuen Job beworben und bekommst von zwei Firmen eine Zusage. Schreibe den Namen der ersten auf einen Zettel mit einem Pfeil nach links und kennzeichne die andere Firma mit einem Pfeil nach rechts auf einem zweiten Zettel. So machst du es dir und der himmlischen Führung einfacher, in eurer Kommunikation die Zeichen zu deuten, die sie dir senden. Auch kannst du dich auf die Zettel stellen und fühlen, wie dich Erzengel Gabriel und Silberstern jeweils berühren. Wenn etwas ganz und gar nicht stimmt, kann es sogar sein, dass du spürst, wie Silberstern dich vom Blatt herunterstupst. Du kannst die Richtungen natürlich auch weiter ausbauen, nach oben und nach unten beispielsweise. Himmlisches Geleit ist dir jedenfalls auf all deinen Wegen sicher.

CHAMUEL & LIEBESZAUBER

Bedeutung der Karte:
Der Zauber der Liebe hat dich erreicht! Einhörner sind die besten Beziehungsberater und immer helfend an deiner Seite. Gemeinsam mit Erzengel Chamuel schauen sie mit dir alle Beziehungen an und bringen, wenn du sie darum bittest, mehr Romantik in dein Leben. Sie bringen alles zusammen, was zusammengehört, und helfen dir auch, dich aus nicht mehr funktionierenden Beziehungen in Liebe zu lösen. Aber sie helfen dir nicht nur bei Liebesbeziehungen, du hast zu allen und allem eine Beziehung. Ob zu deiner oder deinem Liebsten, deiner Familie oder zu deinen Freunden, Arbeitskollegen oder Tieren. Alle Themen rund um deine Beziehungen begleiten Erzengel Chamuel und das Einhorn Liebeszauber in der nächsten Zeit. Eine liebevolle Zeit wartet auf dich.

Übung/Meditation:
Schließe deine Augen, fühle in dich hinein – welche Beziehung belastet dich gerade am meisten? Ist es eine noch lebende oder bereits schon verstorbene

Person oder vielleicht auch ein Tier? Wähle eine Situation oder eine Person aus und bitte deine persönlichen Einhörner um Hilfe. Beschreibe ihnen die Situation, wie ihr zueinander steht und was geschehen ist, was unausgesprochen ist. Sie werden nun mit den anderen Einhörnern mit der von dir ausgewählten Person in Kontakt treten und sie um ein Treffen auf der feinstofflichen Ebene bitten.

Deine Einhörner stehen jetzt direkt an deiner Seite, und du kannst dich ganz sicher fühlen. Ein Lichttor öffnet sich, und die Person oder das Tier kommt mit ihren Einhörnern zu dir. Ihr begrüßt euch, so wie es die Situation zulässt. Die Einhörner, deine und die deines Gegenübers, verbinden jetzt ihre Herzen mit einem Regenbogen. Du sendest jetzt von deinem Herz zum Herzen deines Gegenübers eine Regenbogenbrücke, um eure Herzen für den Moment miteinander zu verbinden. Ihr seid jetzt für diese Arbeit, für diese Begegnung, auf der Herzebene verbunden. Bitte sende jetzt über den Regenbogen all deine Gefühle, die du für dein Gegenüber empfindest, ohne Worte dafür zu gebrauchen, nur die Gefühle von Herz zu Herz. Lass dir einen Moment Zeit dafür …

Jetzt nimm Worte hinzu und sage alles, was du deinem Gegenüber mitteilen möchtest. Es ist völlig in Ordnung, wenn du dabei traurig oder wütend bist, doch ihr begegnet euch hier auf der Herzebene, wo es um Klärung der Energien und nicht um Beschimpfung und Schuldzuweisung geht. Jetzt höre gut hin und empfange die Antwort bzw. die Botschaft deines Gegenübers. Beobachte, wie er oder sie sich verhält, hat sich auf dieser Ebene schon etwas zwischen euch verändert? Die Einhörner richten ihre Lichthörner über euch zusammen und segnen die Situation mit einem Funkenregen aus ihren Lichthörnern.

Verabschiede dich von deinem Gegenüber und löse die Regenbogenbrücke zwischen euren Herzen wieder auf. Wenn du kannst und es die Situation zulässt, umarme sie oder ihn. Die Einhörner lösen jetzt auch ihre Regenbogenbrücken, und dein Gegenüber geht gemeinsam mit seinen Einhörnern zurück durch das Lichttor. Vertraue darauf, dass du die Situation voll und ganz übergeben hast und freue dich über die Wunder der Liebe … Die Liebe vermag alles zu heilen. Vertraue immer auf die Kraft der Liebe. Verabschiede dich von deinen Einhörnern und bedanke dich bei ihnen.

URIEL & FRIEDENSKLANG

Bedeutung der Karte:

Wir sind gekommen, um dir Frieden zu bringen … Den Frieden auf allen Ebenen deines Seins! Was befindet sich in deinem Leben gerade nicht in Frieden? Gibt es eine Situation, einen Streit oder ein Missverständnis, das du gerne in Frieden und Klärung bringen möchtest? Erzengel Uriel und das Einhorn Friedensklang sind helfend an deiner Seite und berühren jetzt mit ihrer Anwesenheit dein Herz. Es erwärmt sich und wird so unsagbar friedlich …

Der Frieden hüllt dich ein, wie eine warme, kuschelige Decke. Du fühlst dich augenblicklich unendlich geliebt und geborgen, so wie schon lange nicht mehr!

Lass den Frieden in dir, in deinem Leben, in deinem Umfeld, in deiner Familie, in deiner Stadt, in deinem Land, auf der ganzen Welt geschehen. Rufe uns, wenn du Unfrieden in Frieden bringen möchtest. Friede sei mit dir!

Übung/Meditation:
Erzengel Uriel und das Einhorn Friedensklang möchten mit dir eine Reise durch Raum und Zeit zum Kloster des himmlischen Friedens antreten. Das Einhorn Friedensklang bittet dich, auf seinem Rücken Platz zu nehmen, und du steigst ganz achtsam auf, alles geschieht auf der feinstofflichen Ebene, und du brauchst keinerlei Reitkenntnisse dafür, um jetzt mit Friedensklang durch Raum und Zeit zu reisen. Ihr fliegt los, und augenblicklich fühlst du dich ganz leicht und frei, du genießt diesen Moment sehr. Durch eure telepathische Verbindung kommuniziert ihr miteinander, und Friedensklang berichtet dir, dass im Tempel des himmlischen Friedens jeden Tag für den Weltfrieden gebetet wird.

Für jeden einzelnen Menschen, für jedes Tier, für jedes Wesen, für jeden Ort auf und für Mutter Erde. Ihr landet vor einem wunderschönen Tempel, du gleitest von Friedensklangs Rücken herab und wirst von Erzengel Uriel liebevoll in Empfang genommen, gemeinsam geht ihr durch das Tor in den Tempel hinein. Wundervolle Gesänge erwecken deine Aufmerksamkeit, und ihr folgt den Klängen. Unendlich viele Menschen sitzen vor einem Altar und singen liebliche, wohlklingende Friedensmantren. Es hält dich nicht länger, die Energiewelle ist so stark, und so singst du mit. Erzengel Uriel sagt dir, dass gerade eine Friedenswelle aktiviert wird und du dir aussuchen kannst, wo sie jetzt in dieser kraftvollen, gemeinsamen Friedensenergie hingesendet werden soll. Versende sie jetzt mit einem kraftvollen Gedanken durch deinen Geist und lenke die Friedensenergie an den von dir gewünschten Ort. Du lässt dich völlig frei in die Energie fallen, singst mit und hörst dich immer lauter werden, bis du das Gefühl hast, gar nicht mehr selber zu singen.

Du sendest jetzt eine mächtige Welle des Friedens! Unendlich viel Liebe erfüllt dein Sein und plötzliche, absolute Ruhe. Uriel nimmt deine Hand und geht wortlos mit dir zum Innenhof des Tempels. Noch ganz benommen von der Energiewelle erscheint vor dir ein hier lebendes Friedenseinhorn. Es macht einen leichten Knicks vor dir und stellt sich vor. Du begrüßt es ebenso, und das Einhorn sagt ganz lieb lächelnd: „Ich habe schon auf dich gewartet!“ Erzengel Uriel erklärt dir, dass dieses Einhorn dein Friedenslehrer für die kommende Zeit ist und ihr ab sofort miteinander verbunden seid. Du kannst immer zu ihm kommen mit allen Themen des Friedens bzw. Unfriedens. Wenn du es wünschst, wird es dich auch nachts besuchen, um dich zu unterrichten, wenn es für dich nötig ist, etwas Neues zu lernen oder zu verstehen. Das Einhorn lächelt und flüstert dir etwas ins Ohr, hör jetzt gut hin! Du verabschiedest dich für den Moment und gehst gemeinsam mit Erzengel Uriel und dem Einhorn Friedensklang zurück zum Eingangstor. Friedensklang bittet dich, wieder auf seinem Rücken Platz zu nehmen, du steigst auf und schaust noch einmal zurück auf diesen wunderschönen Tempel. Erzengel Uriel schließt die Tür wieder. Berauscht von allen Eindrücken weißt du gar nicht, was du sagen sollst, du genießt einfach nur den Moment und den Rückflug in deine Ausgangssituation auf dem Rücken des Einhorns Friedensklang. Es werde Frieden auf Erden und in deinem Herzen, sende diese Welle des Friedens immer wieder in die Welt, sei ein Friedensbringer, wo auch immer du bist!

ZADKIEL & ALCHEMIST

Bedeutung der Karte:

Wenn Erzengel Zadkiel und das Einhorn Alchemist dich erreichen möchten, dann möchten sie dir behilflich sein beim

Erkennen und Bereinigen aller alten Glaubenssätze und Muster, die noch in deinem Sein verhaftet sind. Es ist Zeit für Reinigung und neue Ordnung auf allen Ebenen. Sie arbeiten über den violetten Strahl der Reinigung und Transformation. Sie rufen dich auf, dein Leben zu ordnen mit all den vielen unliebsamen Dingen. Ganz weltlich gesehen, heißt das beispielsweise den Keller aufräumen, Schubladen, Papiere, Kleider und ähnliches sortieren. Denn oftmals ahnen wir gar nicht, wie sehr uns diese Dinge blockieren und nicht weiterkommen lassen. Erzengel Zadkiel und das Einhorn Alchemist möchten mit dir deine Vergangenheit bereinigen.

Übung/Meditation:
Befreiung von Glaubenssätzen

Stell dir vor, du hast ein weißes Blatt Papier in deiner Hand, und dieses unbeschriebene Blatt Papier symbolisiert dich zum Zeitpunkt deiner Geburt.

Jetzt wirst du älter und wirst erzogen – sitz gerade, das macht man nicht, das ist eklig, das darfst du nicht – und so geht es dann in der Schule weiter, und mit jedem Lebensabschnitt wird das Blatt Papier ein Stückchen mehr zusammengeknüllt. Und irgendwann liegt es mehr oder weniger verknittert da und muss mit den anerzogenen Glaubenssätzen zurechtkommen, wie z.B. ‚Gegessen wird am Tisch mit Messer und Gabel'. Warum? Wer sagt das? Vielleicht bist du viel glücklicher damit, wenn du dein Brot auf dem Sofa isst und dabei fernsiehst. Was passiert, wenn du diesen Glaubenssatz, diese Grenze überschreitest? Nichts! Einfach nichts, du bist nämlich jetzt volljährig und hast das Recht auf freie Entfaltung und beginnst Zug um Zug dein Blatt Papier wieder glattzubügeln.

Damit das Erkennen und Freiwerden leichter geht, stehen Erzengel Zadkiel und das Einhorn Alchemist an deiner Seite und berühren all diese Glaubenssätze liebevoll. Du kannst neu wählen, frei wählen, wo du essen möchtest und wie, nur um diesem Beispiel treu zu bleiben. Breite deine Flügel aus und fliege, denn du hast das Recht auf freie Entfaltung. Spüre deine großen Flügel und benutze sie. Erzengel Zadkiel und das Einhorn Alchemist begleiten dich dabei. Fliege, du Engel auf Erden …

METATRON & ERDENKRAFT

Bedeutung der Karte:

Erzengel Metatron und das Einhorn Erdenkraft möchten heute deine Erdung und Anbindung in Balance bringen. Du als sensibles Wesen kennst bestimmt die Momente des Haderns mit dem Erdenleben. Vielleicht verspürst du auch „Heimweh“ nach der himmlischen Welt, nach deiner Lichtfamilie. Dieser Zustand wird sich deutlich bessern, wenn du im Einklang mit deinen Energien und den Welten stehst. Wir möchten dich dabei unterstützen, ganz auf der Erde anzukommen und gleichzeitig ganz und gar mit dem Himmel verbunden zu sein. Häufig geht dieses Ungleichgewicht körperlich gesehen mit kalten Füßen und Kopfschmerzen einher.

Das Einhorn Erdenkraft berührt jetzt deinen Erdstern, um dich mit der Erde zu verwurzeln. Erzengel Metatron berührt deine Silberschnur, die dich mit der geistigen Welt verbindet. Er reinigt sie und richtet sie aus zur Quelle der Liebe. Spüre die kraftvolle Energie, komplett ausgerichtet, aber dennoch mit der Erde verwurzelt zu sein. Immer wenn du das Gefühl hast, nicht in Balance zu sein, rufe Metatron und Erdenkraft, sie werden dir immer helfend zur Seite stehen. Wenn du im Einklang bist, wird es dir auch leichter fallen, Entscheidungen zu treffen, die getroffen werden müssen. Erzengel Metatron und Erdenkraft verleihen dir den Mut und die Kraft dafür.

Übung/Meditation:
Botschaft Gottes

Nimm bitte auf Erdenkrafts Rücken Platz, eine wichtige Botschaft wartet darauf, von dir empfangen zu werden. Wir tragen dich nun hinauf, hinauf zum höchsten Punkt im Universum, zur Quelle der Liebe. Strahlend helles Licht!

Eine Welle der Liebe erfasst dich! Ein Schauer überläuft dich, und Gottes direkte Nähe ist spürbar. Du fühlst einen hochfrequenten Ton in deinem Ohr, und dann vernimmst du Gottes Stimme, die dich liebevoll ruft. Lass dich fallen und empfange die Botschaft Gottes, du bist ihm jetzt ganz nah. Du fühlst dich so wohl, so beschützt und eingehüllt. Jetzt nimmst du das Einhorn Erdenkraft vor dir wahr. Es schaut dich liebevoll an und berührt mit seinem Lichthorn dein drittes Auge. Bilder ziehen wie ein Film vor deinem inneren Auge vorbei, nimm sie in dein Unterbewusstsein auf und verspüre die Gewissheit, dass alles gut ist, so wie es ist. Wenn du noch Fragen an Gott hast, dann frage. Es könnte auch sein, dass es sich plötzlich so anfühlt, als sei alles beantwortet. Langsam wirst du wieder klarer und schaust in Erzengel Metatrons Augen, der dich noch einmal in seine großen Lichtschwingen einhüllt. Wenn du möchtest, schlafe ein und genieße weiterhin dein Eingehülltsein oder komme wieder im Hier und Jetzt an. Alles ist gut, wir sind alle Zeit an deiner Seite!

GARTEN EDEN

Bedeutung der Karte:
Der Garten Eden ist der Ursprung der Einhörner, und durch Ziehen dieser Karte fordern die Einhörner dich auch auf, an den Anfang deines Weges zu schauen. Manchmal geraten wir ein wenig vom Weg ab, nehmen Umwege oder kommen einfach nicht voran. Die Einhörner bitten dich, Rückschau zu halten. Wie heißt es so schön? Back to the roots! Lies doch noch einmal das erste Buch, das dich beson-

ders tief berührt hat und dich auf deinen Weg gebracht oder begleitet hat. Erinnere dich an deine Vision, fühle diese unbändige Kraft in dir, etwas erreichen, ja erschaffen zu wollen. Ein Stückchen Himmel auf der Erde zu manifestieren. Dann werde ruhig, kehre an deinen inneren Ort der Stille, in deinen Garten Eden ein und zentriere dich. Gehe mit klarem, ruhigem Blick weiter deinen Weg. Manchmal ist ein Rückschritt nötig, um zwei Schritte weiter vorangehen zu können.

Übung/Meditation:
Dein Garten Eden

Das edle Einhorn Wahtari (Hüter des Garten Edens) steht mit seiner Güte und Kraft am Tor zum Garten Eden und bittet dich einzutreten. Wahtari kennt deinen Lebensweg und ist dir somit ein guter Führer und Berater auf deinen Lebenspfaden. Wenn du möchtest, begleitet er dich in deinen Garten Eden, um dir mit Rat und Tat zur Seite zu stehen. Suche dir einen schönen Ort, wo du dich besonders wohlfühlst. Vielleicht auf einer Waldlichtung oder auf einer schönen Blumenwiese oder am Meer? Wie sieht dein innerer Garten Eden aus? Wo kannst du für dich die größtmögliche Klarheit erreichen? Wahtari begleitet dich überall hin. Vielleicht magst du einen Spaziergang am Meer mit ihm machen, und ihr geht gemeinsam am Wasser entlang. Die Wellen spülen dir um die Beine, und der Wind bläst alle deine sich immer wieder im Kreis drehenden Gedanken fort. Manchmal braucht man den Rat eines Freundes oder auch nur Ruhe, um die Dinge neu sortieren zu können. Wenn du dich erholt und gestärkt fühlst, kehre an deinen Ausgangspunkt zurück – mit der Gewissheit, in deinem Garten Eden einen Freund zu haben, den du jederzeit besuchen kannst, der immer für dich Zeit hat und dessen Name Wahtari ist – der Hüter deines inneren Garten Edens.

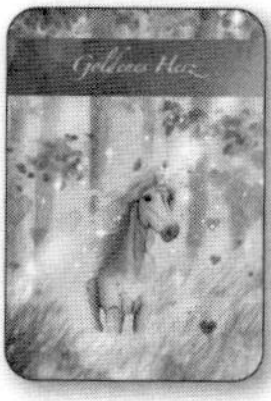

GOLDENES HERZ

Bedeutung der Karte:

Ich bin das Einhorn Götterfunke und sage dir: „Ich sehe dein goldenes Herz! Ich sehe deine Sehnsucht nach allem und mehr. Nach Liebe, nach Vertrauen, nach Ankommen, nach Glücklichsein, nach Einheit mit Gott! Dein Wirken und Tun hinterlässt Spuren, geliebtes Wesen. Es ist so wundervoll, mit wieviel

Liebe du alles tust, es erfreut alle Lichtwesen zutiefst. Die Engel berichten uns Einhörnern so oft von dir, denn sie scharen sich gerne um dich herum. Sie lieben genauso wie wir Einhörner dein goldenes Herz. Mach bitte weiter, verteile Licht und Liebe aus deiner Herzensenergie und berühre die Menschen und Tiere mit ihr. Du machst deine Aufgabe wundervoll! Die geistige Welt hat deinen Ruf vernommen. Du bittest um Hilfe beim Erkennen deiner Berufung, beim Erreichen deiner Vorstellungen und Ziele. Wir senden dir heute durch das Ziehen dieser Karte einen wichtigen Impuls in den nun folgenden Worten.

Übung/Meditation:
Ideale, Vorbilder und Berufung

Stell dir bitte dein Ziel vor. Wo möchtest du hin? Was ist deine Lebensvision? Hast du dafür Vorbilder? Wer ist diesen Weg vor dir gegangen? Wer hat erreicht, wonach du dich sehnst? Als du ein Kind warst, waren deine Eltern deine Vorbilder, die dich prägten. In deinen frühen Jugendphasen waren es Sänger, Schauspieler, etc. Und wer ist es jetzt? Es ist enorm wichtig, Vorbilder zu haben, denn wer ein Vorbild hat, kann von ihm lernen und an seiner Geschichte wachsen. Es ist ein außerordentlich wichtiger Teil des Lebensprozesses! „Geliebtes Wesen, Vorbilder müssen schon längst nicht mehr auf der Erde verweilen, es können aufgestiegene Meister oder Engel sein, die den Erdenweg bereits gegangen sind und ihn mit Bravour gemeistert haben. Wer sind deine Vorbilder? Nimm das Beste von ihnen in deinem Geist auf, profitiere von dem Weg deiner Brüder und Schwestern. Dein nächster wichtiger Schritt sollte die Selbstverwirklichung sein! Du fragst dich bestimmt, was es genau bedeutet, dich selbst zu verwirklichen. Ich sage dir, es bedeutet für dich, das sichere Wissen zu haben, dass du dich deinem vollen menschlichen Potential näherst."

Die Fragen, die du dir beantworten solltest, sind: Was ist mein Spezialgebiet? Worin bin ich besonders gut? Was kannst ich in nächster Zeit tun, um mein Wissen und mein Geschick noch zu verbessern? Was ist mein Herzenswunsch? Welche Arbeit liebe ich am meisten? Götterfunke berührt dich jetzt mit seinem Lichthorn. Zuerst in deinem Gedankenfeld, dann berührt er dein Herz. Spüre die Kraft und die Klarheit, die er dir vermittelt, um diese Fragen optimal für dich zu beantworten.

„Geliebtes Wesen, das ist schon die Überleitung zu deiner Berufung! Ich möchte, dass du dies ganz tief verstehst. Was ist deine Antwort, wenn ich dich frage, ob dir dein Beruf von Herzen Freude macht? Sagst du mir: ‚Ja, ich liebe ihn und bin dankbar für den wundervollsten Job der Welt', dann gratuliere ich dir herzlich.

Dann bist du angekommen und wirst mit diesem Beruf dein optimales Potenzial nutzen können, immer genügend Geld verdienen sowie alles bekommen, was du zum Leben brauchst! Oder aber antwortest du mir: ‚Ich tue es eigentlich nur, weil ich Geld verdienen muss'? Was spürst du in diesem Moment, wenn du diese Worte hörst? Ist dies eine versorgende, dich in die Fülle bringende Energie? Wie viel Geld wirst du mit dieser Energie verdienen? Lässt sie dein Füllhorn sprudeln oder erklärst du dir gerade selber deine in Mangel geratene Lebenssituation? Lebst du deine Berufung? Was kannst du tun, um es in kürzester Zeit zu verändern? Welche Gedanken prägen diese beiden Beispiele, die ich dir gerade genannt habe? Sei bitte sehr ehrlich zu dir selbst, scheue nicht die Schatten und die Ängste in dir, stelle dich ihnen und ändere deinen Lebensfilm. Du spielst die Hauptrolle und schreibst das Drehbuch, du hast den Stift in der Hand – wenn du es ändern willst, schreibe einfach das Kapitel um! Natürlich wirst du nicht an jedem Tag vor lauter

Freude aus den Federn hüpfen, doch es wird sich mit der Zeit eine tiefe Zufriedenheit in dir entwickeln, und diese Zufriedenheit wirst du dann auf dein Umfeld transportieren können. Kannst du dir vorstellen, was das bedeutet? Es ist eine Kettenreaktion, die geschieht, wenn du positive Energie und Zufriedenheit aussendest. Stell dir vor, wie sich dies auf deine Familie, deine Arbeitskollegen, deinen Chef oder deinen Partner auswirken würde! Ich könnte noch unendlich weiter aufzählen, was sich ohne Anstrengung im Außen durch das Gesetz der Resonanz und Anziehung in deinem Leben verändern würde.

Du ziehst immer das an, was du aussendest. Du wirst sehen, wie schnell du von positiven, zufriedenen Menschen umgeben bist und ihr über wirklich wichtige, erfüllende Themen sprechen könnt. Keiner wird über Krankheiten sprechen und sich in seinem Leid ergießen, denn dies ist die Mangelenergie, die du ab sofort nie wieder lebst! Bitte verspreche es nicht mir, sondern dir selber und deinem persönlichen Umfeld. Du hast die Macht, dein Leben so zu gestalten, wie du es möchtest. Ich freue mich schon sehr darauf, wenn ich mir vorstelle, wie wir uns nächstes Jahr im gleichen Monat wieder treffen und du zu mir sagst: ‚Götterfunke, wenn ich das vorher schon gewusst hätte! Wie wundervoll alles wird! Ich hätte mir keine Sorgen mehr gemacht. Ich bin unendlich glücklich und mein Leben ist so lebenswert geworden.‘ Ich höre es schon, wie du mir von all den Dingen erzählst, die du dir vorgenommen hast und voller Begeisterung und Verwunderung über ihre Realität berichtest. Ich bin jetzt schon über die Maßen stolz auf dich!

Folge deinem inneren Ruf, deinen Zielen, deinen Idealen und Vorbildern, lebe dein Potenzial und erkenne deine BERUFUNG! Heute ist der erste Tag von deinem neuen Leben, und ich bin unendlich froh darüber, ihn mit dir zu feiern, mein goldenes Herz!“

HERZKLANG

Bedeutung der Karte:
Die Einhörner senden dir mit dieser Karte Klänge der Liebe von Herz zu Herz. Lass dich berühren von ihren zauberhaften Klängen, die deine Seele zum Schwingen bringen. Ich bin das Einhorn Melody und hülle dich mit meiner Berührung in ein Kleid aus Klang-

wellen ein, damit dein Seelenklang zum Vorschein kommen kann. Du wirst leicht und beschwingt durch die Tage gehen, ja tanzen. Die Klangwellen schwingen dich in Einklang mit dir und deinem Sein. Wenn du bisher noch nie ein Instrument gespielt hast oder es seit langer Zeit nicht benutzt hast, bittet dich Melody, es einfach zu tun. Musik ist auch eine Form von Kommunikation mit der geistigen Welt der Engel und Einhörner, ja mit Gott.

Viele Lieder begleiten dich in deinem Leben, erinnern an bestimmte Lebensabschnitte. Manche Lieder berühren deine Seele und andere wiederum gar nicht. Das liegt daran, dass deine Seele in Resonanz geht – mit deinen Gefühlen, deiner Erfahrung und deinen Erinnerungen. Doch kennst du auch dein Seelenlied? Den Klang deiner Seele? „Jedes Lebewesen hat eine Melodie, mit der es im Einklang schwingt, ja durchs Leben tanzt. Ich bin Melody und spiele dir das Lied deiner Seele."

Übung/Meditation: Lied der Seele

Suche dir einen ruhigen Ort und mach es dir gemütlich. Rufe das Einhorn Melody und spüre, wie sich der Raum mit Liebe füllt. „Ich berühre jetzt mit meinem Lichthorn deinen Seelenklang, lass uns gemeinsam den Klängen der göttlichen Liebe lauschen, damit du dich mit der reinen Liebesenergie aus der göttlichen Quelle der Klänge verbinden kannst. Wir rufen gemeinsam die Engel der Klänge, der Töne, der Musik und bitten sie, für dich dein Lied zu singen oder zu musizieren. Vielleicht hörst du eine Melodie und Gesang. Komm, lass uns genießen.

Lausche jetzt den Klängen deiner Seele und lass dich im Herzen berühren vom Lied deiner Seele. Fühle die Strophe der Liebe und manifestiere sie in dir. Fühle die Strophe des Friedens und manifestiere sie in dir. Fühle die Strophe des Glücks und manifestiere sie in dir. Erfühle alle Strophen, erfühle ihre Bedeutung für dich. Lausche deinem göttlichen Klang. Er wird dich in Harmonie und Einklang mit Körper, Geist und Seele bringen. Es ist ein schönes Gefühl, das Lied seiner Seele zu kennen. Lass dich von deinen Seelenklängen durch ein wundervolles Leben schwingen."

ICH BIN BEI DIR!

Bedeutung der Karte:
Das Ziehen dieser Karte bedeutet immer, dass ein Einhorn deiner persönlichen Einhornfamilie an deiner Seite steht und dir vermittelt, nicht alleine zu sein. „So lange habe ich mich schon auf diesen Moment gefreut, wieder mit und bei dir zu sein. Ich stehe direkt vor dir und sende dir aus meinem Herzen einen Regenbogen, der uns ab jetzt miteinander verbindet. Unsere Herzen kommunizieren miteinander und sprechen eine Sprache, die mich alles verstehen lässt, was dich bewegt, ganz ohne Worte. Ich sehe, wenn du traurig bist und nicht weiterweißt. Ich werde immer neben dir stehen und dich durch alle Lebenssituationen begleiten! Ich bin bei dir!“

Übung/Meditation:
„Nimm dir bitte einen Moment Zeit und lass uns ein gemeinsames Zeichen vereinbaren, wie z.B. eine Stelle deines Körpers, an der ich dich sanft berühren darf, damit du immer wieder spüren kannst, wie nah ich dir bin. Besonders in Momenten der Traurigkeit, wenn dein Energiefeld getrübt ist und du mich nicht

sehen kannst, möchte ich dir mit meiner Berührung ein Gefühl der Sicherheit vermitteln, dass ich an deiner Seite bin. Schließe deine Augen und fühle jetzt meine Berührung, die dich bestimmt zum Lächeln bringt. Das ist unser persönliches Zeichen, meine Energie wird dich immer erreichen. Ich bin bei dir!“

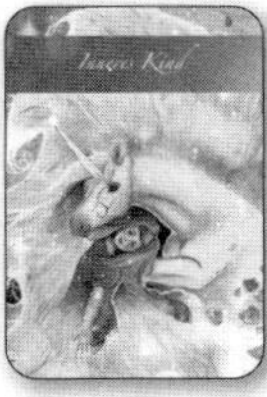

INNERES KIND

Bedeutung der Karte:
Oftmals vergessen wir in unserer Erwachsenenwelt, die von Aufgaben und Verpflichtung geprägt ist, zu spielen und Spaß zu haben. Die Einhörner fragen dich mit dem Ziehen dieser Karte, wann du zum letzten Mal so richtig herzlich gelacht hast, so dass dir der Bauch vom Lachen wehgetan hat und du leicht und ausgelassen warst. Gerade bei den Menschen, die ohne Kinder leben oder wo die Kinder schon groß sind, geht das Spielen schnell verloren. Die Einhörner bitten dich zu spielen. Mach doch mal wieder einen Spieleabend mit Freunden oder gehe ausgelassen tanzen. Tue das, was dir Freude und Spaß bereitet. Besuche ein Kind in deinem Um-

feld und gehe mit ihm auf den Spielplatz und schaukle. Schaukeln bringt ganz viel Freude. Ich habe mich selbst einmal im Dunkeln auf den Spielplatz geschlichen und habe geschaukelt, weil mein inneres Kind so danach gerufen hat, und es war einfach wunderbar. Verbinde dich noch heute mit deinem inneren Kind und frage es, womit du ihm/ihr am meisten Freude und Spaß bereiten könntest und dann geht spielen. Tue heute das, was deine Seele vor Freude tanzen lässt, und du wirst sehen, wie viel positive Glücksenergie im Spielen liegt. Freude und Lachen ist wie ein Magnet für Engel und Einhörner. Sie wollen alle dabei sein und erfreuen sich an deiner Leichtigkeit. Mach dich und dein inneres Kind glücklich, die geistige Welt liebt die Ausstrahlung deiner zufriedenen Seele. Das Zauberwort heißt immer wieder *Lebensfreude.*

Übung/Meditation:
Einhornberührung des inneren Kindes

Erinnerst du dich, wie du als kleines Kind ausgesehen hast? Wenn du magst, suche dir doch ein Baby- oder ein Kinderfoto von dir heraus und schaue es dir noch einmal an. Schließe dann die Augen und stell dir bitte vor, wie du dich selbst als kleines Kind auf dem Arm hältst. Halte dich an dein Herz und schaue das Kind auf deinem Arm an. Wie sieht es/du aus? Ist es zufrieden und fröhlich oder spürst du Unruhe oder Traurigkeit? Rufe die Einhörner und bitte sie, zu dir zu kommen. Die Einhörner betreten den Raum und kommen dir ganz nahe, eines tritt aus der Herde heraus und schaut dich und dein inneres Kind ganz liebevoll an. Spüre, wie sich das Kind auf deinem Arm durch die Anwesenheit der Einhörner verändert. Das Einhorn beugt sich zu dem Kind und fängt herzlich an zu lachen. Das Einhorn berührt jetzt mit seinem Lichthorn zuerst das Herz des Kindes und danach deines. Ihr werdet eingehüllt in einen wunderschönen Zustand von Liebe und Geborgenheit. Du siehst, wie sich dein Herz mit dem deines inneren Kindes durch einen Regenbogen verbunden hat. Über diesen könnt ihr ab sofort kommunizieren, und dein inneres Kind kann dir mitteilen, wann es z.B. mal wieder Zeit ist, Spaß zu haben, zu spielen, zu lachen und fröhlich zu sein. Halte das Kind an dein Herz und spüre, wie ihr eins werdet und du deinem inneren Kind einen Platz in deinem Herzen gibst, wo du ihm/ihr ganz leicht deine Aufmerksamkeit schenken kannst und ihr über die Regenbogenbrücke eurer Herzen kommunizieren könnt. Gib auch dem kleinen Wesen, das wir alle einmal waren, einen Platz in deinem Herzen.

JESUS & GÖTTERFUNKE

Bedeutung der Karte:

„Ich bin Jesus-Sananda und an meiner Seite ist das Einhorn Götterfunke. Wir werden dich ab heute ein Stück deines Weges begleiten. Komm und nimm auf Götterfunkens Rücken Platz. Ich lege meine Hand auf deine Schulter. Ich begleite dich. Wenn du Zweifel oder Fragen hast, wende dich an mich, und du wirst augenblicklich meine Hand auf deiner Schulter spüren. Das Ziehen dieser Karte sagt dir, dass deine Seele bereit ist zu wachsen. Ich gebe dir die nötigen Informationen und lehre dich, deiner Meisterschaft näherzukommen.

Das Einhorn Götterfunke möchte dich intensiv bei diesen wichtigen Lektionen begleiten und manchmal ein Stück auch tragen. Die Lektionen der Liebe werden während deines Erdenlebens nie enden, denn du machst nach jeder ins Bewusstsein gegangenen Übung einen Quantensprung in Richtung deiner inneren Meisterschaft. Du wirst deutlich spüren, wenn du bereit für die nächste Stufe bist. In diesen Zeiten unterstützen wir dich besonders intensiv. Wir bitten dich, diszipliniert zu sein in dem, was du denkst. Denke Worte der Liebe. Du bist Liebe, bedingungslose Liebe. Wenn du vor Situationen stehst, wo du nicht weiterweißt oder Entscheidungen treffen musst, dann denke dich in mich hinein. Frage dich, wie ich wohl handeln würde, und schon bin ich bei dir und gebe dir die nötigen Impulse. Wir empfehlen dir, diszipliniert mit Affirmationen und/oder Gebeten zu arbeiten. Sie sind, wie würdet ihr sagen, der Turbo für dein Weiterkommen, deinen Aufstieg. Das Einhorn Götterfunke gibt dir, wenn du dir diesbezüglich mehr Disziplin wünschst, die nötigen Impulse.

Sei Liebe, siehe in allen und allem die Liebe, denn du bist reine, göttliche Liebe!

Wir lieben dich über die Maßen und segnen dich mit der Christus-Einhorn-Energie, wann immer du sie benötigst. In tiefer Freundschaft und Verbundenheit berühren wir dich jetzt in diesem Moment und stärken dein Licht. Liebe deinen Nächsten – so wie wir dich lieben – bedingungslos!

Übung/Meditation:
Affirmationen

Stell dir vor, dein Körper wäre wie bei einem Computer die Hardware. Und Affirmationen sind die

Programme, die Software, die du auf deinen Computer aufspielen kannst. Jetzt ist es so, dass die Software in Form von Affirmationen nicht wie bei einem Computer sofort installiert ist, du brauchst ein wenig Zeit dafür, neue Denkmuster in dir zu aktivieren. Stell dir vor, du sollst dir ab morgen die Zähne mit links putzen (wenn du Linkshänder bist mit rechts). Allein der Gedanke daran fühlt sich ungewohnt an.

Jetzt putzt du schon eine Woche mit links, und es geht immer besser, nach drei Wochen greifst du automatisch mit der linken Hand zur Zahnbürste und nach sechs bis acht Wochen hast du bereits vergessen, wie es sich anfühlt, mit der rechten Hand die Zähne zu putzen. Das ist ein Beispiel für die Fähigkeit unseres Gehirns, neue Informationen aufzunehmen und zur Gewohnheit zu machen. Wenn du deine Affirmationen gefunden hast, ist es wundervoll, sie jeden Tag mit der Hinsicht auf dein Glück zu affirmieren. Eine meiner persönlichen Lieblingsaffirmationen lautet: Ich bin die göttliche Kraft in mir!

Irgendwann hört das übliche Geblubber im Kopf auf und in den Zeiten, in denen du dir sonst unnötige Gedanken oder Sorgen gemacht hast, denkst du nun an deine Affirmationen. Du wirst den

Unterschied schon sehr bald merken. Wenn du es dir zur Gewohnheit gemacht hast, täglich zu affirmieren, wird sich dein Leben in kürzester Zeit zum Positiven verändern.

Ich wünsche dir ein wundervolles Leben.

KÖNIG & KÖNIGIN

Bedeutung der Karte:

Mit dem Ziehen dieser Karte betreten der König und die Königin der Einhörner dein Leben und verneigen sich zur Begrüßung mit einem königlichen Knicks vor dir. Mit dem Eintritt in dein Energiefeld bringen sie mit ihrer bloßen Anwesenheit alles in Bewegung. Alles beginnt in ihrer Gegenwart zu schwingen, alles gerät in Bewegung. Vielleicht erhältst auch du den Impuls zur Bewegung, verspürst auf einmal Lust, laufen zu gehen oder dich und deinen Körper auf andere Art in Bewegung zu bringen. Sie sagen: Wir wirbeln auf, was im Verborgenen liegt und scheuen nicht die dunkelste Ecke in deinem Sein! Durch die Berührung ihrer kraftvollen Energie, bekommt dein Leben eine neue Dynamik. Unentdeckte Themen werden sich lösen und an die Oberfläche kommen. Sei dir darüber im Klaren, dass diese Bewegung Wachstum bedeutet. Vermeide den Stillstand aus Bequemlichkeit. Nur in der dynamischen Bewegung kannst du schneller vorankommen, um an dein Ziel zu gelangen. Genauso wie dein Herz in jedem Moment für dich schlägt, arbeitet die göttliche Dynamik für die Erde. Alles bewegt sich, alles dreht sich so, wie sich die Erde dreht.

Übung/Meditation:
Wirkungsbereich König und Königin

Immer wenn dir die Motivation fehlt, Dinge umzusetzen oder den Anfang zu finden – wenn du dir mehr Dynamik und Bewegung in deinem Leben wünschst, rufe den König und die Königin der Einhörner an und bitte sie, dich mit ihren Lichthörnern zu berühren. Du wirst deutlich spüren, wie sich ihre Energie spiralförmig durch dich durcharbeitet, zu wirbeln beginnt und deine Zellen in Bewegung bringt, sozusagen deinen Motor anwirft. Durch das Aufwirbeln könnte es gut passieren, dass du nachts in deinen Träumen Situationen erlebst, die du verdrängt hast. Der König und die Königin der Einhörner schauen diese Erlebnisse ganz liebevoll mit dir an und bringen dir die Erlösung des Verborgenen.

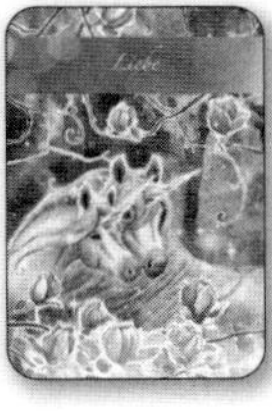

LIEBE

Bedeutung der Karte:
Heute möchten dich die Einhörner bitten, allen Wesen deine Liebe zu senden und deinem Umfeld deine Liebe zu zeigen. Sag deinen „Liebsten", wie gern du sie hast, ob mit ein paar lieben Zeilen auf einem Post-it, einer Umarmung oder mit einer Geste, die deiner Liebe entspricht. Alle Wesen, ob Mensch oder Tier, brauchen seelische und körperliche Streicheleinheiten.

„Auch wir Einhörner haben heute ein Geschenk, eine Streicheleinheit der Liebe für dich und bitten dich, sie von Herzen anzunehmen."

Das Einhorn der Liebe berührt mit seinem Lichthorn dein Herz und fragt dich:

„Weißt du, was es bedeutet, etwas von Herzen anzunehmen? Es ist die Bereitschaft, ‚ja' zur Liebe zu sagen. Zur Liebe, die immer nur gibt und nichts verlangt, nicht fordert, nicht aufrechnet. Und dann natürlich auch dein Herz anzunehmen, deine Gefühle und das Bewusstsein, es wert zu sein. Du zweifelst immer wieder daran! Sind denn die Wunder der Liebe nicht Zeugnis genug, dass du es wert bist über alle Maßen geliebt zu werden? Alles, was weniger ist als Liebe, wählst du aus deinem freien Willen heraus, sei dir dessen bitte immer bewusst! Fokussiere dich auf Liebe, auf bedingungslose Liebe! Liebe dich, liebe dein Leben, liebe alle Wesen – schenke ihnen deine Liebe. Denn du bist Liebe, reine, göttliche Liebe. Du bist erschaffen aus Liebe, hörst du! Liebe ist alles, sie vermag alles zu heilen und alles zu sein. Wir lieben dich, du wundervolles Wesen. Nun aber los, die Welt da draußen wartet auf deine Liebe …"

Übung/Meditation:
Reise zur Quelle der Liebe

Das Einhorn der Liebe steht an deiner Seite und lädt dich auf eine Reise zur Quelle der Liebe ein. Mit einem liebevollen Blick bittet es dich, aufzusteigen, und schon fliegt ihr los. Immer höher, immer weiter in die Welten zwischen den Welten, hinein in die göttliche Ebene – die direkte Anbindung zur ewigen Quelle der Liebe. Da die Liebe vermag, alles zu sein, zeigt sie sich für jeden in anderen Bildern und Farben. Wie sieht deine Quelle der Liebe aus? Wie fühlt es sich an, hier zu sein? Befinden sich noch andere Wesen außer dir hier? Genieße den Moment, hier an der Quelle des Ursprungs.

Spüre die Liebe und tanke auf, lass dein Herz

von Liebe überfließen und sende aus diesem Zustand heraus an alle Orte zu allen Wesen deine Liebe. Wenn du erfüllt bist von deinem Werk und bis zum Rand mit Liebe angefüllt bist, kehre mit dem Einhorn der Liebe zurück an deinen Ausgangspunkt und komme von Liebe getragen wieder an.

Hab einen LIEBE-vollen Tag!

MEDITATION

Bedeutung der Karte:

Wenn dich die Karte der Einhornmeditation erreicht, bitten dich die Einhörner, zur Ruhe zu kommen, und sie sagen: „In der Ruhe liegt die Kraft, die dir die göttliche Anbindung verschafft."

Du hast in letzter Zeit vielleicht viel Stress gehabt, und die Einhörner bitten dich, ihn abzubauen. Stress bringt Anspannung und Verspannung. Gönne dir eine Auszeit, nimm ein schönes Bad oder lass dich massieren. Entspanne dich und folge dem Ruf der Einhörner nach Bewusstseinserweiterung durch meditative Phasen. Vermeide Stress, so gut es geht, und wenn er unvermeidbar ist, baue ihn bewusst ab.

Das ist ganz wichtig für deine geistige und körperliche Gesundheit. Nimm dir bitte regelmäßig bewusste Auszeiten.

Übung/Meditation:
Basisübung zur Entspannung vor einer Meditation
Lege schöne instrumentale Entspannungsmusik auf und mach es dir ganz bequem. Stelle deine Füße fest auf den Boden. Lege deine Hände mit den Handflächen nach oben auf deine Oberschenkel und lehne dich bequem zurück. Lass deinen Kopf entspannt auf die Brust sinken und schließe deine Augen. Richte nun deinen Blick mit geschlossenen Augen nach unten, jetzt richte ihn nach oben. Nun richtest du deinen Blick nach links, jetzt nach rechts. Wiederhole dies noch zwei Mal.

Deine Augen entspannen sich von der Anstrengung des Tages, und du bittest sie, sich nun völlig auszuruhen und fokussierst dich auf dein drittes Auge in der Mitte deiner Stirn. Bitte dein drittes Auge nun, deinen Blick zu übernehmen. Konzentriere dich auf deinen Körper, nimm deinen Atem wahr und atme tief ein und wieder aus. Atme erneut tief ein und wieder aus, und mit jedem Atemzug entspannst du dich immer mehr, wirst ruhig und gelassen und lässt den Alltag hinter dir. Noch einmal atmest du tief ein und wieder aus. Gedanken kommen und gehen, und du setzt sie auf Wolken und lässt sie an dir vorbeiziehen. Die meiste Anspannung sitzt in den Muskeln, spanne nun deinen ganzen Körper an, halte die Spannung einen Atemzug lang und löse sie dann wieder. Spanne noch einmal deinen ganzen Körper an, atme und löse die Spannung. Bei jedem Lösen spürst du, wie sich deine Muskulatur immer mehr entspannt. Noch einmal anspannen, atmen und wieder lösen. Dein Körper und dein Geist sind nun völlig gelöst und entspannt.

Spüre nun deine Füße, stelle dir vor, wie langsam Wurzeln von deinen Fußsohlen aus zu wachsen beginnen, sie dringen in den Boden ein und wachsen immer weiter, immer tiefer in das Erdinnere hinein, um dich mit Mutter Erde zu verbinden. Lass los und folge den Klängen, die dich tragen, durch Raum und Zeit.

MUT

Bedeutung der Karte:
Du kennst bestimmt die Redewendung ‚den Wald vor lauter Bäumen nicht mehr sehen'.

Das bedeutet, du siehst nicht, was sich hinter den vielen Bäumen befindet. Es ist einfach dunkel, wenn du vor einem dichten Wald stehst und es braucht Mut, ins Dunkle zu gehen und zu schauen, was sich dahinter verbirgt. Doch wenn du diesen Schritt gewagt und in den dunklen Wald gegangen bist, in seiner Mitte stehst und den zurückliegenden Weg anschaust, ist er auf einmal hell.

Es erfordert immer ein bisschen Mut, das Unbekannte zu erforschen, es anzusehen – zu schauen, was dahinter steckt. So wie die Mysterien des Universums für dich im Dunkeln zu liegen scheinen. Die Einhörner sagen dir, dass alle Informationen und jegliches Wissen für dich bereit liegen, um erfahren und angeschaut zu werden. Erforsche, was du wissen möchtest, nimm all deinen Mut zusammen und gehe in dunkle Wege hinein. Begehe Wege, die noch keiner oder nur wenige vor dir gegangen sind. Wisse, dass der Dunkelheit immer das

Licht folgt, denn das ist Dualität.

Die Einhörner sagen dir: „Den Mutigen lacht das Glück. Mach dein Glück und sei mutig!"

Übung/Meditation:
Wenn du das nächste Mal in eine Situation kommst, wo du Mut benötigst oder er dich verlässt und du ein flaues Gefühl in deiner Magengegend verspürst, so rufe die Einhörner und bitte sie, dich mit ihrer Energie des Mutes aus ihrem Lichthorn zu berühren. Spüre die Kraft des Mutes, schließe die Augen und stelle dir das positive Endergebnis vor, wie stolz du auf dich bist, so mutig gewesen zu sein und wie dieser Mut belohnt wird mit einem wundervollen Glücksmoment.

MARIA & ROSENHERZ

Bedeutung der Karte:
Für dich soll's rote Rosen regnen!

Mutter Maria und das Einhorn Rosenherz grüßen dich voller Liebe. Sie möchten dir mit dem Ziehen dieser Karte Trost spenden und die

Verletzung in deinem Herzen mit Rosenbalsam berühren. Sie laden dich zu einem Besuch in den himmlischen Rosengarten ein. Mutter Maria und das Einhorn Rosenherz sagen dir: „Rote Rosen werden stets ein Zeichen unserer Anwesenheit für dich sein.

Wir führen dich und deine Seele sicher durch die nun kommende Zeit und schenken dir Beistand, Liebe und Trost zu jeder Zeit. Mach dich nun für unsere Reise bereit."

Übung/Meditation:
Besuch im himmlischen Rosengarten

Das Einhorn Rosenherz steht vor dir und bittet dich, auf seinem Rücken Platz zu nehmen. Schon beginnt die Reise in den himmlischen Rosengarten zu Mutter Maria. Der Flug durch die Wolken lässt dich tief durchatmen, das Gefühl der Freiheit breitet sich in deinem Herzen und in deinem gesamten Körper aus. Ihr landet vor einem rosenumrankten Tor, und sofort bemerkst du den intensiven Rosenduft, den deine Seele aufnimmt. Du trittst in den Rosengarten, der wie ein Mandala angelegt ist. In der Mitte steht ein wunderschöner Springbrunnen, der aussieht wie eine blühende Rose. So eine Vielfalt an Rosen in den schönsten Farben hast du noch nie gesehen! Schau dich erst einmal in Ruhe um und nimm die Schönheit dieses Ortes wahr. Du bist beseelt von der hier herrschenden Liebesenergie. Plötzlich kommen dir kleine Einhornfohlen entgegengelaufen und wollen sich zwischen deinen Beinen verstecken, weil sie ausgelassen miteinander spielen. Du blickst nach oben, und Mutter Maria steht vor dir und begrüßt dich lachend.

Die kleinen Fohlen laufen fröhlich weiter. Mutter Maria lädt dich auf einen Spaziergang durch den Rosengarten ein. Sie erzählt dir von der Schönheit und der heilenden Wirkung der Rosen auf deine Seele und den weiblichen Anteil in dir, egal ob du eine Frau oder ein Mann bist. Ihr bleibt an einem Beet mit wunderschönen weißen Rosen stehen, und Mutter Maria beugt sich zu einer der Rosen und scheint mit ihr zu kommunizieren. Im nächsten Moment hält sie eine prachtvolle Rosenblüte in ihren Händen und steckt sie dir liebevoll in dein Haar. Diese Geste der Liebe nimmst du voller Entzücken und Dankbarkeit an. Mutter Maria bringt dich nun zu drei verschiedenen Rosen, deren Düfte unterschiedlich harmonisierend auf deinen Körper und deine Seele wirken. Die erste Rose wächst an einer wunderschönen Engelstatue, es ist ein rundes Beet, in dessen Mitte ein Sockel steht, auf dem dieser wundervolle Engel thront. Um ihn herum wachsen dunkelviolette Rosen. Mutter Maria sagt: „Das ist die Rosenzüchtung von Erzengel Zadkiel und dem Einhorn Alchemist.“ Sie beugt sich zu den Rosen hinunter und streicht sanft mit ihrer Hand über die Blütenköpfe. Durch ihre Berührung strömt ein unglaublich lieblicher Duft zu dir. Du atmest tief ein, und seine Heilschwingung transformiert augenblicklich jeglichen Schmerz in dir, egal ob seelisch oder körperlich.

Ihr geht weiter und kommt an ein herzförmig angelegtes Beet, in der Mitte thront eine wunderschöne Einhornstatue, in diesem Beet blühen wunderschöne dunkelrote Rosen. Mutter Maria beugt sich wieder vor und streicht mit ihrer Hand über die Blütenköpfe. Im nächsten Moment spürst du schon, wie dich eine Welle der Liebe berührt. Ein wundervoller Duft verteilt sich um dich herum, und Mutter Maria sagt: „Das ist Liebe in ihrer schönsten Heilschwingung. Sie fließt direkt in dein Herz und in deinen Körper, in jede Zelle. Du bist eingehüllt von dieser reinen, alles umfassenden Liebe, die dich tief berührt. Mutter Maria sagt dir, dass dies die Rosenzüchtung von Erzengel Chamuel und dem Einhorn Liebeszauber sei! Es ist Zeit weiterzugehen, um das nächste Rosenbeet zu bestaunen.

Du kommst an und siehst, dass es wie eine Acht angelegt ist. Mutter Maria erklärt dir, dass die Acht das Zeichen der Unendlichkeit ist. In diesem Beet wachsen prächtige weiße Rosen, die einen goldenen Rand haben. So etwas Unglaubliches hast du wirklich noch nie zuvor gesehen! Mutter Maria beugt sich zu den Rosen und streicht über ihre wunderschönen Blütenköpfe. Plötzlich fangen sie an zu schimmern und zu funkeln. Sie beginnen, unvergleichlich zu duften. Du bist wie verzaubert, als du die Stimme von Mutter Maria vernimmst, die dir sagt, dass dies eine der Lieblingszüchtungen Gottes sei. Durch diesen Duft spürst du Gottes Liebe und deine persönliche Unendlichkeit. Mutter Maria flüstert: „Der Segen Gottes ist mit dir, spüre, dass du über alle Maßen geliebt und beschützt bist."

Du besinnst dich langsam und hast kaum bemerkt, dass ihr weitergelaufen seid, direkt zum Rosenbrunnen in der Mitte des Gartens. Mutter Maria schöpft das herrlich duftende Rosenwasser und lässt es über dein Herz fließen. Alle Seelenwunden in deinem Herzen werden von diesem himmlischen Rosenwasser umspült und dürfen sich in Liebe auflösen. Mutter Maria umarmt dich noch einmal mit ihrer ganzen Liebe. Für den Moment ist es an der Zeit, sich von ihr zu verabschieden. Sie geleitet dich gemeinsam mit dem Einhorn Rosenherz zurück zum Rosentor, durch das ihr gekommen seid. Du nimmst wieder auf dessen Rücken Platz und wirst erfüllt von Liebe zurück zu deinem Ausgangspunkt getragen.

NATUR

Bedeutung der Karte:

„Wir Einhörner bitten dich, gehe raus in die Natur und suche die Naturwesen auf! Sie freuen sich sehr über deine Hilfe mit und für den Planeten. Sende uns mit deinem Herzenswunsch an Orte, wo Naturkatastrophen geschehen sind, um den Menschen, Tieren und allem Leben mit konzentrierter Energie helfen zu können. Schütze den Boden, auf dem du wandelst. Geliebtes Wesen, Mutter Erde braucht deine Hilfe in dieser Zeit der Transformation. Hilf ihr, so gut du kannst, so wie es für dich möglich ist, den Prozess der Reinigung und Wandlung mit zu begleiten. Wandle gemeinsam mit uns Einhörnern durch die Wälder, segne alles Leben dort und manifestiere die Einhornenergie in der Natur. Befreie sie von herumliegendem Müll und sende ihr deine liebevollen Gedanken bis tief ins Erdinnere hinein. Wir unterstützen all deine Handlungen und Gebete mit der ganzen Kraft der Einhornenergie auf Erden. Schenke der Natur deine Liebe, und sie wird dich reich belohnen. Die Energie der Einhörner ist für dich alle Zeit gegenwärtig. Danke, du wundervolles Wesen, danke für dein Tun und Wirken auf Erden."

Übung/Meditation:
Stell dir vor, wie du begleitet von einem Einhorn einen Waldspaziergang machst und alles auf feinstofflicher Ebene durch die Begleitung des Einhorns wahrnehmen kannst. Hier und da siehst du Einhörner, die mit ihren Lichthörnern Blumen berühren oder unter den großen Bäumen liegen und meditieren.

Du fragst das Einhorn, mit welchen Aufgaben die hier im Wald wirkenden Einhörner betraut sind. Es erklärt dir, dass sie mit dem Kollektivbewusstsein der Erde und allem, was auf ihr lebt, in Verbindung stehen und voller Liebe alles mit konzentrierter Einhornenergie aufladen, wo sie benötigt wird. Die Einhörner, die hier unter den Bäumen liegen, sind verbunden mit den Wäldern der Erde, und die, die Blumen berühren, mit allen zarten Gewächsen – sie kommunizieren über die Wurzeln miteinander. Ihr geht ganz nah zu einem mit den Wäldern verbundenen Einhorn. Man sieht förmlich die Energie und die Kommunikation, die zwischen dem Einhorn und dem Baum hin und her fließt.

Das Einhorn bittet dich: „Umarme den Baum und nimm an der Unterhaltung zwischen den beiden teil, es ist dir gestattet.“ Nun stehst du ganz dicht an dem Baum, breitest deine Arme um ihn herum aus und lehnst deinen Kopf an ihn.

Zuerst ist alles ganz ruhig, nun hörst du deinen Herzschlag, und jetzt fühlst du, wie er sich mit dem Baum verbindet und ihr eins werdet. Nun nimmst du ein Flüstern wahr, dass nach und nach immer deutlicher wird. Du hörst, dass es eine Unterhaltung über den Regenwald ist, der du lauschen darfst …

Der Baum spricht: „Jährlich werden 13 Millionen Hektar Wald abgebrannt oder gerodet. Im Regenwald trifft es uns Bäume besonders schwer. In letzter Zeit wurden wir Bäume dreimal so viel wie sonst abgeholzt. Du weißt, lieber Einhornfreund, was das für das Klima und die Bewohner auf Mutter Erde bedeutet. Ich bitte dich, unseren Boden durch die Einhornenergie zu heilen. Bitte sende auch eine Herde zur Unterstützung in die Regenwälder!“

Du spürst den Schmerz, aber auch die enorme Liebe der Einhörner und die Transformation, die durch die Einhornenergie geschehen darf. Du sendest dem Baum einen Segen direkt von Herz zu Herz und hüllst die Wälder gemeinsam mit den Einhörnern in Lichtenergie und Liebe ein. Du bedankst dich bei dem Baum für eure Verbindung und löst sie danach. Das Einhorn bleibt weiterhin in Verbindung.

Du öffnest die Augen und dein Begleiter sagt: „Das hast du gut gemacht, ein kleiner Lichtfunken von jedem reinen Herzen ergibt einen mächtigen Lichtstrahl der Liebe und der Heilung. Nimm diese Erfahrung in dir auf und umarme auch die Bäume in deinem Garten, im Wald in deiner Region, da wo auch immer du bist, um ihnen in Verbindung mit den Einhörnern Heilung für die Wälder dieser Erde zu senden. Danke."

NEUBEGINN

Bedeutung der Karte:

Mit dem Ziehen dieser Karte möchten dir die Einhörner mitteilen, dass es Zeit ist, etwas in Liebe zu beenden und etwas Neues zu beginnen. Es könnte auch bald erfreuliche Post zu dir ins Haus flattern. So wie sich jedes Jahr die Natur erneuert, durchläufst auch du einen Jahreszyklus wie die Natur die Jahreszeiten. Es ist ganz normal, sich zu erneuern oder vielleicht sogar neu zu erfinden! Neue Ziele und Visionen zu haben, Situationen und Lebensweisen neu zu überdenken. Lass dich nicht länger von deinen eigenen Widerständen schwächen, sondern gehe mit den Einhörnern an deiner Seite mutig auf deinem Weg voran. Egal wie aussichtslos dir so manche Situation erscheinen mag – auch nach der dunkelsten Nacht geht die Sonne wieder auf. Egal wie traurig du manchmal auch sein magst, wisse, dass die Einhörner dir immer Beistand, Trost und Liebe schenken.

Übung /Meditation:
Jahreszeiten mit den Einhörnern

Ein Einhorn steht vor dir und bittet dich, auf seinem Rücken Platz zu nehmen. Kuschle dich an das Einhorn und lass die Reise beginnen. Ihr reitet los und beginnt zu schweben. Immer höher, immer weiter. In den Himmel hinein, durch Raum und Zeit. Ihr beginnt über eure telepathische Verbindung miteinander zu kommunizieren. Dein himmlischer Begleiter stellt sich bei dir vor und sagt, dass er eines der Einhörner der Jahreszeiten und sein Name Herbstwind sei. Er ist es, der die Blätter der Bäume jedes Jahr zum Tanz bittet. So wie er dich jetzt um einen Tanz durch die Jahreszeiten, durch einen Jahreszyklus auf der feinstofflichen Ebene bittet, die ihr jetzt gemeinsam bereisen werdet. Das Einhorn teilt dir weiterhin mit, dass du, um die Sonne zu lieben und zu schätzen, den Winter und die Kälte kennen musst. Deswegen beginnt die Reise im schneebedeckten Einhornwald, den du gerade von oben erblickst. Ihr landet und steht mitten im tiefen Schnee, und die Flocken tanzen dir um die Nase.

Das Einhorn lächelt dich liebevoll an und trabt mit dir auf eine Holzhütte zu, aus deren Schornstein Rauch aufsteigt. Ihr tretet ein, und eine kuschlige Wärme kommt dir vom Kamin entgegen, um den herum drei weitere Einhörner sitzen. Sie laden dich ein, näher zu kommen und Platz zu nehmen. Das Feuer wärmt dich, und du reibst dir die Hände. Sie stellen sich der Reihe nach bei dir vor. Das erste sagt, dass es das Einhorn Winterzauber sei, das zweite stellt sich mit dem Namen Frühlingslicht vor und das dritte mit dem Namen Sommerliebe. Das Einhorn Winterzauber möchte dir von der Wichtigkeit des Winters berichten und beginnt zu erzählen. „Geliebtes Wesen, der Winter ist dir geschenkt, um aus den Farben des Frühlings, Sommers und Herbstes zu schöpfen. Die Natur hüllt sich in einen weißen Mantel und scheint wie ein unbeschriebenes Blatt Papier, das neu beschrieben oder bemalt werden kann. Der Winter schenkt dir jedes Jahr einen Neuanfang. Es ist die Zeit, um die Gedanken darauf auszurichten, was du im Frühjahr für Pflanzen und Samen in die Erde geben möchtest, um deren Früchte im Herbst zu ernten."

Du hast durch die Jahreszeiten Informationen in dir gesammelt, und nun ist es an der Zeit, sich an sie zu erinnern. Ihr rückt ganz eng vor dem Kamin zusammen, und du fühlst dich unendlich wohl in dieser von Liebe getragenen Runde mit den Einhörnern der Jahreszeiten. Das Einhorn Frühlingslicht schaut dich liebevoll an und bittet dich, dass du dich an den letzten Frühling erinnerst.

Es berührt dich mit seinem Lichthorn, und in dir steigen Gedanken, Gefühle und Erinnerungen hoch. Vielleicht auch Bilder, erlebe noch einmal den Frühling und nimm dir einen Moment Zeit dazu. Im März die ersten Blumen, die Freude über ihr Erwachen, Ostern, im Mai die beginnende Vorfreude auf den Sommer. Jetzt bittet dich Frühlingslicht, dich an den schönsten Frühling zu erinnern, den du bisher in deinem Leben erleben durftest. Erinnere dich auch an den Duft des Frühlings und sammle mit diesen Bildern und Gefühlen in dir die Motivation, etwas Schönes auf der Erde und in deinem Leben zu kreieren. Das Einhorn Frühlingslicht steht auf und stampft dreimal mit dem rechten Vorderhuf auf. Augenblicklich steht ihr vor einem unbestellten Feld. Die Einhörner der Jahreszeiten teilen dir als vereinte Stimme mit, dass dies dein Lebensfeld sei und ihr nun gemeinsam hierhergekommen seid, um es zu bestellen. Vor dir steht ein Sack bis oben gefüllt mit Samen. Die Einhörner bitten dich nun, alles, was du in dir gesammelt hast, alle Gedanken, Bilder und Gefühle in dir zu aktivieren und mit der Kraft deiner Gedanken alles in die Samen zu übertragen. Sende ihnen deine Bilder, deine Gefühle, ja auch Klänge, Lieder, Farben und all deine Liebe. Segne deine Samen, deine Aussaat, das Wachstum und die Ernte. Jetzt nimm die Samen und gehe Reihe für Reihe dein Feld ab und säe. Säe mit all deiner Liebe und Schaffenskraft.

Nimm dir Zeit und spare keine Stelle des Feldes aus, je gründlicher du dies tust, umso ertragreicher wird deine Ernte sein. Wenn du müde wirst, berührt dich das Einhorn Frühlingslicht, und du verspürst neue Schaffenskraft. Endlich ist es geschafft, und du blickst stolz über die weite Fläche. Die Einhörner der Jahreszeiten beglückwünschen dich für dein Tun und lassen aus ihren Lichthörnern den Segen der Einhornenergie auf dein Lebensfeld und somit auf dein Leben regnen. Ein funkelnder Glitzerregen in allen Farben des Regenbogens ergießt sich über deinem Feld, und du kannst förmlich zuschauen, wie der Boden aufbricht und die ersten zarten Pflänzchen zum Vorschein kommen. Ihr nehmt alle gemeinsam unter einem großen Walnussbaum Platz, der direkt am Feldrand steht und Schatten spendet und ruht euch einen Moment aus. Du merkst, dass es plötzlich sehr heiß geworden ist, und das Einhorn Sommerliebe kommt dir ganz nahe und flüstert in dein Ohr:

„Es ist Sommer. Siehe, wie deine Pflänzchen wachsen und gedeihen und langsam zu einem prächtigen Ährenfeld heranwachsen. Auch im Sommer muss auf dem Feld gearbeitet werden, wenn du nur in der Sonne liegst und dich nicht um deine Aussaat kümmerst, vertrocknet sie. Du stehst auf und nimmst eine Gießkanne zur Hand und schöpfst Wasser aus einem Bach in der Nähe. Sommerliebe bittet dich auch, das Wasser zu segnen, mit dem du deine Pflanzen begießt, das ist sehr wichtig. Lass das Wasser von Gottes Licht und Liebe segnen, Kanne für Kanne. Nun wandle durch dein Feld, Reihe für

Reihe, und wässere deine Pflanzen. Nach getaner Arbeit kehrst du zurück zum Walnussbaum und gesellst dich wieder zu den Einhörnern. Herbstwind schaut dich liebevoll an und richtet die nun folgenden Worte an dich: „Geliebtes Wesen, auf eine Aktion folgt eine Reaktion, lege deinen Fokus immer auf das Tun und nicht auf das Erwarten oder Erhalten. Denn erst, wenn du etwas aussendest, kann etwas zu dir zurückkehren! Also warte nicht darauf, dass das Leben dich etwas erleben oder erreichen lässt. Tue und handele, dann wird dir das Leben den Aufwind senden, den du benötigst, um an dein Ziel, zur Erfüllung deiner Wünsche und Träume zu gelangen. Denn immer, wenn du dir hilfst, hilft dir auch Gott. Handelst du in Liebe, wird alles noch viel schöner und die Ernte noch ertragreicher, als du es dir je hättest vorstellen können. Es ist Herbst und Zeit, um zu ernten. Ich bitte den Wind zu wehen, dich durch die Ernte zu tragen, damit sie dir ganz leicht von der Hand geht. Komm und schau dir dein prächtiges Feld an und tanze mit dem Wind mit mir durch dein Feld. Erfreue dich an dem, was du in einem Jahreszyklus erschaffen hast und lass ihn uns feiern."

Herbstwind bittet dich, auf seinem Rücken aufzusteigen. Ihr steht vor dem wehenden Ährenfeld, und in dir steigt ein Gefühl des Stolzes auf. Dies ist deiner Hände, Gedanken und Liebe Werk. Genieße das für einen Moment, lausche der Musik und wage den Tanz durch dein Lebensfeld, das dich mit Freude und Dank erfüllt. Danke für alles, was dir gegeben. Ja, es ist dein Erntedankfest. Und du kannst sehen, wie wunderbar dein Neubeginn Früchte getragen hat. Zum Abschied versammelt ihr euch noch einmal unter dem Walnussbaum, und du bedankst dich bei den Einhörnern der Jahreszeiten, und sie stupsen dich liebevoll an. „Es war uns eine Freude, mit dir einen Jahreszyklus zu verleben, und wir sind gerne auch alle kommenden Jahreszyklen an deiner Seite."

PEGASUS

Bedeutung der Karte:
Das Ziehen dieser Karte ist ein Hinweis der Pegasusse an dich, dass sie dich dabei unterstützen, aus einer unfreiwilligen Situation herauszukommen – sei es aus einem Vertrag, einer Verstrickung oder einer schwierigen Situation.

Der Pegasus Charantin spricht: „Sorge dich nicht länger, mein Lichthorn berührt dich direkt in der Mitte deines Herzens und dort, wo dich die Verstrickungen anbinden und unfrei machen. Ich bin Pegasus Charantin und bringe dir die Freiheit des Herzens. Bitte mich immer, wenn in dir Schwere aufkommt, dich zu tragen und mit dir in den Himmel zu fliegen. Übergib mir deine Sorgen, deine Last und werde frei, im Herzen frei! Ich bin Pegasus Charantin und stehe immer für dich zu einem Flug in die Leichtigkeit bereit."

Das prächtige Wesen erhebt sich, breitet seine Schwingen aus und beginnt, während eures sanften Fluges, ein zauberhaftes Lied zu singen:

„Frei, so frei wie der Vogel im Wind, bewegst du dich mit mir, geliebtes Kind. Dieser Flug heute und hier, ist ein Geschenk von mir zu dir. Ich bin dein Begleiter und bringe dich hoch hinauf und immer weiter. Die Freiheit des Herzens lass uns schauen, um das himmlische Vertrauen zu entwickeln. Auf, auf, hinauf wie die Vögel im Wind, segeln wir gemeinsam, geliebtes Kind."

Da Pegasusse wie Engel Flügel haben, hinterlassen sie dir oft Federn als Zeichen, die du dann scheinbar zufällig findest. So weißt du, dass sie bei dir sind.

Übung/Meditation:
Begegnung mit den Pegasussen

Charantin bittet dich, auf seinem Rücken zwischen seinen großen Lichtschwingen Platz zu nehmen. Du kuschelst dich ganz nah an ihn heran, und ihr fliegt los. Kurze Zeit später landet ihr in einem wunderschönen Tal, direkt an einem rauschenden Fluss. Überall Berge um dich herum, satte grüne Wiesen. Die Sonne scheint, und die Vögel zwitschern lieblich. Du gleitest zwischen den großen Flügeln herab und atmest erst einmal die wundervolle Energie dieses Ortes ein. Die Sonne wärmt deine Haut und lässt die Flügel deines himmlischen Begleiters ganz silbern schimmern. Angetan von diesem Funkeln, fragst du ihn, ob du einmal seine Flügel berühren darfst. Er nickt dir mit einem liebevollen Blick zu. Du berührst einen Flügel und lässt deine Hände ganz sanft über die großen Federn gleiten. Ganz seidig weich fühlen sie sich an. Und auf einmal schwebt eine Feder langsam auf den Boden, und dein neuer Freund sagt: „Die ist für dich!"

Du hebst sie voller Freude auf und bedankst dich ganz herzlich für dieses wundervolle Geschenk. Dein nächster Blick führt zum Himmel, und du siehst eine ganze Pegasus-Herde anmutig zu dir herabsegeln. Sie landen, und ihr begrüßt euch voller

Freude. Du berührst sie ganz zart, schaust ihnen in die Augen, und eine kribbelnde Welle nach der anderen erfasst dich.

Genieße die Begegnung mit den Pegasussen. Du stehst in ihrer Mitte, und sie fangen an, sich rhythmisch im Kreis um dich herum zu bewegen, ja zu schweben. Ihr lichter Tanz erzeugt eine kraftvolle Energiespirale, und du beginnst zu schwingen wie ein Pendel, bis du in ihrer Mitte schwebst. Du bist versunken in Leichtigkeit, in diesem unglaublich schönen, schwebenden Zustand.

Die Pegasusse berühren nun mit ihrer Energie deine Schwere, deine Sorgen und Lasten. Du darfst sie noch einmal anschauen und dann abgeben. Charantin schwebt direkt unter dir, und du landest sanft auf seinem Rücken. Verabschiede dich bei den Pegasussen und fliege mit Charantin zurück zu deinem Ausgangspunkt. Wenn du müde und erschöpft bist, schlafe einfach zwischen seinen großen Flügeln ein und genieße den Moment der Geborgenheit und Freiheit.

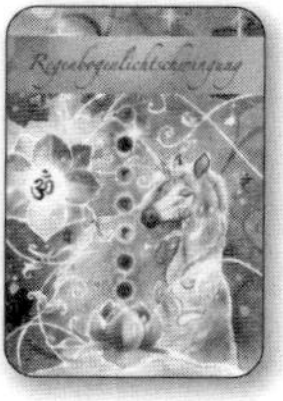

REGENBOGEN-LICHTSCHWINGUNG

Bedeutung der Karte:

Die Einhörner sagen, dass dir das Ziehen dieser Karte eine Blockade in deinem Chakrensystem aufzeigt, die durch das Regenbogenlicht der Einhornenergie ganz leicht ausgeglichen werden kann. Die Einhörner möchten dir dabei gerne behilflich sein.

Vielleicht hast du das Gefühl, es geht irgendwie nicht weiter. Irgendetwas blockiert deinen Gedankenfluss. Du möchtest eine Arbeit verrichten, und es gelingt dir einfach nicht. Du fühlst dich wie ein Flugzeug, das nicht durchstarten und abheben kann? Dann laden dich die Einhörner mit der folgenden Übung ein, deine Chakren optimal auszurichten, zu reinigen und zu aktivieren.

Du wirst sehen, wie schnell sich eine Veränderung einstellen wird und du deine Arbeit mit Leichtigkeit verrichten kannst. Du wirst die nötigen Impulse bekommen, denn du bist danach wieder im Einklang mit dir und deinem Sein. Lass dich berühren von der Lichtschwingung des Regenbogens und spüre die kraftvolle Verbindung der vereinten Farben.

Übung/Meditation: Aktivierung und Ausrichtung des Chakrensystems

Du spürst, wie dich ein zarter Windhauch umgibt, der so lieblich wie eine bunte Blumenwiese duftet. Atme tief ein und spüre, wie du dich immer geborgener und beschützter fühlst.

Dies ist die Energie der Regenbogeneinhörner, die ihre Lichthörner in die Höhe richten. Dabei wirbeln sie eine enorme farbenprächtige Welle auf, die dich erfasst und sanft auf einer Blumenwiese landen lässt. Du erblickst einen wunderschönen, endlos langen Regenbogen, an dessen Anfang zwölf Einhörner stehen, die dich liebevoll anstrahlen und herzlich begrüßen.

Die Einhörner teilen dir als vereinte Stimme mit, dass sie gerne deine Chakren mit der Lichtschwingung des Regenbogens berühren würden und fragen dich, ob du das möchtest. Wenn du bejahst, tritt nun das erste Einhorn zu dir und berührt mit seinem Lichthorn dein Wurzelchakra mit einem zarten hellroten Lichtschein. Ein zweites Einhorn kommt ganz nah zu dir und streichelt mit seinem Blick deine Aura. Es sendet einen orangefarbenen Lichtstrahl aus seinem Lichthorn aus, der sich ebenfalls mit dir verbindet. Das dritte Einhorn kommt näher und sendet zartgelbes Licht in deinen Solarplexus, der sich augenblicklich erwärmt und dich noch mehr entspannt. Das vierte Einhorn tritt zu dir, zwinkert dir schelmisch zu und sendet einen kräftigen zartgrünen Lichtstrahl in dein Herzchakra, der dich eine Welle der Liebe spüren lässt.

Das fünfte Einhorn steht nun vor dir und berührt dich mit einem wunderschönen blauen Lichtstrahl an deinem Kehlchakra, das augenblicklich zu kribbeln beginnt, da viele unausgesprochene Dinge in deinem Leben auf Heilung warten. Das sechste Einhorn steht nun vor dir und berührt ganz sanft mit einem violetten Lichtstrahl dein drittes Auge. Du spürst, wie deine Innenschau sofort klarer wird. Das siebente Einhorn tritt näher und berührt dein Kronenchakra mit einem weißen kraftvollen Lichtstrahl. Du spürst, wie es sofort in der Mitte deines Kopfes zu kribbeln beginnt. Das achte Einhorn steht nun hinter dir und berührt mit einem rosa Lichtstrahl dein Polaritätschakra, das sich in der Höhe deines Solarplexus befindet, nur auf deiner Rückenseite. Das neunte Einhorn steht nun hinter dir und berührt dein Harmoniechakra mit einem starken magentafarbenen Lichtstrahl. Eine Welle der Harmonie durchläuft dich, und du spürst, wie friedlich alles in dir wird. Das zehnte Einhorn steht nun hinter dir und berührt dich mit einem kräftigen goldenen Lichtstrahl an deinem Wissenschakra.

Das elfte Einhorn berührt mit einem aquamarinfarbenen Lichtstrahl dein Klarheitschakra, das sich auf der gegenüberliegenden Seite deines Kehlchakras befindet. Dein Geist wird augenblicklich erfrischt, und dein Blick schärft sich. Nun steht das letzte, das zwölfte Einhorn, hinter dir und berührt dich mit einem wunderschönen perlmuttfarbenen Lichtstrahl an deinem Veränderungschakra.

Die Einhörner stehen im Kreis um dich herum, und du bist von Kopf bis Fuß eingehüllt in die Farbenpracht der Lichtschwingung. Alle zwölf Einhörner bringen ihre Lichtstrahlen zu einer gebündelten Energie zusammen und richten diesen zwölffarbigen Lichtstrahl zuerst auf dein Erdchakra, das sich unter deinen Füßen befindet, um es aufzuladen und eventuell zu aktivieren, falls dies noch nicht geschehen ist. Dann richten sie den mächtigen Farbstrahl auf deinen Seelenstern, der sich über deinem Kronenchakra befindet und nähren ihn mit der Kraft der zwölf Farben. Auch er wird dadurch aktiviert oder unendlich gestärkt. Nun wird der Lichtstrahl hoch zum göttlichen Tor gestrahlt, das sich jetzt für dich öffnet. Dein Körper beginnt, in diesem Licht zu schweben und eine doppelte Lichthelix schwingt sich sanft um dich herum. Du wirst angehoben und erstrahlst in allen Farben des Regenbogens. Deine

Chakren sind nun optimal ausgerichtet, und eine wichtige Weiterentwicklung steht nun hier und jetzt für dich bereit. Du wirst sanft vom vereinten Regenbogenlicht zurück zu deinem Ausgangspunkt getragen und spürst deine Klarheit und deine Schaffenskraft. Beginne jetzt mit der Realisierung all deiner Vorhaben! Viel Freude bei deinem Tun!

SCHÖNHEIT

Bedeutung der Karte:
Mit dem Ziehen dieser Karte möchten dir die Einhörner sagen, wie schön du bist! Siehe deine Schönheit im Innen wie im Außen!

„Ich bin das Einhorn Cassjopeia, ich bin gekommen, um dir deine wahrhaftige Schönheit zu zeigen. Du zweifelst immer wieder an dir, an der vermeintlichen Schönheit deines Äußeren, doch hast du schon einmal länger durch deine wunderschönen Augen in den Spiegel gesehen, um das zu erkennen, was und wer du wirklich bist? Ich sehe dein strahlendes Licht! Dein liebendes Herz! Deine helfende Hand! All das und noch viel mehr macht dieses wundervolle Wesen aus, das du bist. Du bist so seelenschön!“

Übung/Meditation:
Die eigene Schönheit sehen

Stelle oder setze dich jetzt vor einen Spiegel und rufe das Einhorn Cassjopeia. Lege deine linke Hand auf dein Herz und schaue dir tief in die Augen. Cassjopeia wird jetzt dein drittes Auge mit ihrem Lichthorn berühren und dir den Blick für deine Schönheit schenken. Genieße diesen Moment mit deinem Spiegelbild. Blicke in die Tiefe deiner Seele.

Cassjopeia spricht zu dir: „Die zarten Farben meiner unendlichen Liebe zu dir umhüllen dich jetzt und enthüllen das, was du nicht in dir in der Qualität deiner vollkommenen göttlichen Schönheit annehmen kannst. Ich schenke dir mit meiner Berührung ein zartes Lächeln, und ich verbinde dich mit der vollkommenen Schönheit. Schau dich an, in all deiner lichten Pracht, du bist so schön! Dein Leben hat so viele Dimensionen, betrachte dich aus jeder Ebene, um dich zu erkennen und um deine Wahrheit zu verstehen. Siehe dich selbst, siehe das Licht in dir! Siehe mit deiner Liebe das Licht in allen Menschen. Das, was bleiben wird, ist Licht und Liebe.“

Rufe Cassjopeia, wann immer du deine Schönheit nicht sehen kannst und dir ein Bild, eine Illusion, einen Streich spielt. Vergiss bitte nie, wie schön du bist!

DAS STERNBILD DES EINHORNS

Bedeutung der Karte:

Das Einhorn Apollonia steht jetzt an deiner Seite und sagt: „Du bist gerade auf vielen Ebenen am Arbeiten, und ich weiß, dass du manchmal gar nicht weißt, wie du alles schaffen sollst. Du hast sehr hohe Ansprüche an dich. Aber ich als Einhorn sage dir, wie wunderbar du bist und dass du uns immer genügst, egal was du machst. Denn wir freuen uns am meisten an deinem Sein, wenn du Spaß hast und die Dinge nicht so verbissen siehst. In diesem großen Hin und Her von etwas sein und etwas werden. Dieser Druck ist irdisch, sei dir dessen bitte bewusst! Du kannst Gott nicht enttäuschen. Wie könnte ein reines Herz wie das deine nicht genügen? Ich helfe dir dabei, mehr Gelassenheit mit der irdischen Zeit zu entwickeln und mit den Sternen zu tanzen. Denn das macht dich leicht und frei. So kommst du viel schneller voran, als du dir das gerade vorstellen kannst."

Wenn dich die Karte *Das Sternbild des Einhorns* erreicht, ist dies auch ein himmlisches Zeichen, das dich bittet, deine Wünsche ganz klar an die Einhörner zu formulieren oder dass die Erfüllung eines von dir seit langer Zeit gehegten Wunsches kurz bevorsteht.

Übung/Meditation: Sternenbewusstsein mit Meister Sanat Kumara und dem Einhorn Apollonia

Bitte stell dich jetzt einen Moment lang hin und fühle ganz bewusst deinen Körper. Atme tief ein und aus, bis du völlig gelöst und entspannt bist. Du hast jetzt Zeit, ganz alleine für dich und deine Seele. Sternenbewusstsein erfüllt den Raum. Stell dir bitte vor, wie violettes Licht durch deinen Scheitel in dich einfließt und sich wie eine Spirale durch deinen ganzen Körper dreht und dich reinigt – in diesem Moment ganz besonders intensiv von Elektrosmog, der sich in deiner Energie und deinem Körpersystem abgelagert hat. Du fühlst, wie er über deine Fußsohlen in die Erde hineingezogen wird und von dir abfließt. Mutter Erde transformiert jetzt diese Energie für dich. Du atmest tief ein und musst vielleicht auch gähnen, um den letzten Rest aus deinem Körpersystem zu entlassen. Du bemerkst, dass Meister Sanat Kumara jetzt direkt hinter dir steht. Er legt seine Hände auf deine Schultern und spricht: „Ich bin Sanat Kumara, sei gegrüßt, geliebtes Wesen. Ich bin gekommen, um dein Sein zu erheben, dich anzuheben in dieser besonderen Zeit. Ich helfe dir jetzt ganz entspannt, seitlich deine Arme anzuheben. Die Ausrichtung deines Körpers zeigt nun die Form eines Sternes. Du bist jetzt ein Stern, ein fünfzackiger Stern." Apollonia betritt den Raum und steht jetzt direkt vor dir. Sie schaut dich mit ihren großen braunen Augen an. „Ich bin Apollonia und freue mich sehr, hier bei dir zu sein, um dich jetzt mit dem Bewusstsein der Sterne aus meinem Lichthorn zu berühren."

Apollonia berührt nun mit ihrem Lichthorn deinen Bauchnabel, und von dort aus verteilt sich eine warme, kribbelnde Welle in alle Richtungen deines Körpers. Vor deinem dritten Auge erscheint ein gleißend helles Licht, und du spürst, wie sich die Energie in dir und um dich herum ausbreitet und dich einhüllt. Du beginnst zu leuchten und zu strahlen. Setze oder lege dich hin.

Apollonia wird auch die Sternenprinzessin unter den Einhörnern genannt. Sie tanzt jede Nacht den Tanz der Sterne und transformiert das Alte, damit kommen kann, was kommen soll. Sie bittet dich jetzt, auf ihrem Rücken Platz zu nehmen. Du lässt deinen leuchtenden Sternenkörper für einen Moment zurück und steigst vorsichtig auf, denn es ist ein große Ehre, von einem Einhorn getragen zu werden. Du kuschelst dich an Apollonias Mähne und umarmst sie liebevoll. All dies geschieht auf der feinstofflichen Ebene. Ihr fliegt los, immer höher und höher, direkt in den Sternenhimmel – du glaubst fast, das Funkeln der Sterne hören zu können. Und nun beginnen sie tatsächlich zu singen und dabei ihren lichten Tanz für dich zu tanzen.

Tanze mit ihnen, tanze mit dem Leben! Fühle deine Freiheit und freue dich über den Segen der Sterne. Du schwebst langsam gemeinsam mit Apollonia auf eine Waldlichtung. Es ist eine warme Sommernacht, und der Mond hat seine volle Größe erreicht. Ihr lasst euch gemeinsam an einem Baum nieder und schaut in den Sternenhimmel hinauf – das Sternbild des Einhorns. Im nächsten Moment stupst Apollonia dich an, und ihr seht gemeinsam, wie aus dem Lichthorn des Sternbildeinhorns drei

Sternschnuppen losgesendet werden, die direkt an euch vorbeiziehen.

Apollonia sagt: „Der Himmel sendet dir drei goldene Sterne. Sie leuchten dir den Weg durch die Ferne und begleiten dich durch die neue Zeit. Der Zauber der Zukunft ist nicht mehr weit. Deine Sterne senden dir Sternenstaub durch die Ferne, der deine Seele von Karma befreit – Heilung für die nun kommende Zeit. Erkenne das Licht in all seinem Sein, innen so wie außen – strahlend, hell und rein. Der Strahlen funkelnder Glanz, er bittet dich zum himmlischen Tanz. Tanze mit mir den Einhornreigen, ich will dir in unserer Dimension das göttliche Licht der Ewigkeit zeigen. Komm mit mir und fürchte dich nicht! Die neue Zeit steht für dich bereit. Und ich, Apollonia, bin bei dir fürs Geleit!"

Du umarmst Apollonia und bedankst dich für diesen wundervollen Moment, getragen vom Sternenlicht, kehrst du zurück zu deinem Ausgangspunkt und fühlst dich unendlich frei, du geliebtes Sternenwesen

TIERKOMMUNIKATION

Bedeutung der Karte:

Das Ziehen dieser Karte teilt dir mit, dass ein Tier (dein Tier) mit dir kommunizieren möchte oder dich eine Nachricht aus dem Tierreich erreichen soll. Einhörner sind voller Liebe mit allen Tieren verbunden und helfen ihnen dabei, den Zugang zu den Menschen zu erlangen und umgekehrt.

Vielleicht hast du in der Vergangenheit immer wieder das Bild eines Elefanten, eines Löwen oder einer Eule gesehen? Du gehst spazieren und dir begegnet zum wiederholten Mal ein Eichhörnchen oder ein Grashüpfer! In dem Moment, wo du die Wiederholung bemerkst, ist dies das eindeutige Zeichen dafür, dass dir dieses Tier in seiner Funktion als Krafttier etwas mitteilen möchte, wie z.B. der Grashüpfer, der dir einen bevorstehenden Quantensprung aufzeigt. Dies bezieht sich auf alle Lebensbereiche, egal ob eine spirituelle Weiterentwicklung ansteht oder eine Beförderung am Arbeitsplatz. Kommuniziere mit den Wesen, die dir begegnen. Auch die Tierseelen, die unsere treuen Begleiter sind – wie Hunde, Katzen und Pferde – möchten verstanden werden, und es ist eine unglaubliche Bereicherung für unsere Beziehung, mit ihnen zu kommunizieren. Probiere es gleich aus und verbinde dich mit deinem oder einem Tier. Lausche seinen Worten, frage nach seinen Bedürfnissen oder seiner Botschaft an dich.

Lasst uns gemeinsam die Tiere schützen, denn sie sind auf unsere Hilfe angewiesen. Lasst uns um Liebe, Licht und Einhornsegen für alle Tiere auf diesem Planeten bitten.

Übung/Meditation:
Verbinde dich mit einem Tier

Suche dir einen ruhigen Ort, an dem du für einen Moment ungestört sein kannst. Die Kommunikation wird dir erleichtert, wenn du ein Foto des Tieres vor dir liegen hast. Es kann auch das Bild eines bereits verstorbenen Tieres sein. Wenn du mit den Tieren des Waldes oder der Meere kommunizieren möchtest, nimm dir zur Visualisierung ein Buch oder ähnliches zur Hand. Konzentriere dich auf das Bild und bitte die Einhörner, als Begleiter eurer Unterhaltung mit anwesend zu sein, um dir die Energie für die Kommunikation zu halten. Sende jetzt von deinem Herzen zum Herzen des Tieres eine Regenbogenbrücke aus. Und beginne von Herz zu Herz mit ihm zu kommunizieren. Ob du Fragen stellst oder eine Botschaft in Worten oder Bildern empfängst, wird sich immer individuell in der jeweiligen Situation ergeben. Sei einfach offen und lasse geschehen. Ich wünsche dir viel Freude beim Kommunizieren mit den Tieren.

TEMPEL DER EINHÖRNER

Bedeutung der Karte:

Diese Karte ist eine Einladung des Königs und der Königin der Einhörner an dich, in den Tempel der Einhörner zu kommen, der sich im Ätherreich über Lexington/Kentucky, USA befindet. Lexington wird auch *Horse Capital of the World* genannt, die Pferde-Hauptstadt der Welt. Der Himmel ist bereit, dir den Weg zum Tempel der Einhörner zu ebnen.

Diese Dimension wartet auf dich, wartet darauf, von dir erkundet zu werden, in ihrer ganzen Pracht. Wenn du bereit bist, den Tempel zu bereisen, wird die Einhornherde der Weißen Bruderschaft in der Nacht zu dir kommen, um dich dorthin zu geleiten.

Der König und die Königin sprechen zu dir:

„Es ist die Macht, die dich entfacht, zu folgen dieser Augen Schein – das kann nur die Einhornherde der Weißen Bruderschaft sein. Steige auf und folge dem Licht! Der liebe Vater hält immer, was er dir verspricht. Siehe den Tempel, das Göttliche Sein, den Glanz der Krone im hellen Schein. Der Schein, der dich bringt in dem Tempel hinein, um zu lernen der Einhörner Sein. Das Sein dieser Energie in schöpferischer Kraft, das ist es, was der Vater in Liebe für dich vollbracht. Zu schöpfen, dein Leben zu genießen, dein Sein – komm und lade uns Einhörner mit dazu ein. Komm mit uns in unser Königreich, denn der Segen folgt sogleich. Der Einhornsegen erhellt dein Licht, schenkt dir ein neues Sein – dieser Ort kann nur über Lexington/ Kentucky sein."

Übung/Meditation: Reise zum Tempel der Einhörner

Wenn du in der Nacht in den Tempel der Einhörner reisen möchtest, um mit ihnen zu kommunizieren und über ihr Wirken geschult zu werden, rufe die Einhornherde der Weißen Bruderschaft und bitte sie, dich, während du schläfst, ins Ätherreich zum Tempel der Einhörner zu geleiten. An diesem wundervollen Ort kann vieles geschehen, ist alles möglich. Es kann sein, dass es eine ganze Weile dauert, bis du dich an einen Besuch, an einen Traum von dieser Reise erinnerst. Erwarte bitte nichts, sei einfach offen für alles, was geschehen könnte.

Ich wünsche dir eine himmlische Reise.

VERBORGENE TALENTE

Bedeutung der Karte:

„Ich bin das Einhorn Malou und möchte dir heute meine Geschichte von den Geheimnissen der verborgenen Talente erzählen. Ich dachte einst, alle anderen Einhörner könnten alles viel besser als ich, sprühen ihre Lichtfunken höher und weiter, bewirken wundervolle Dinge, bringen Heilung und Liebe. So unendlich traurig darüber, nicht zu wissen, womit ich der Welt dienen kann, stand ich an einem See und weinte. Neben mir erblickte ich im Spiegelbild des Wassers das weise alte Einhorn Hironimo, und es fragte, warum ich so traurig wäre. Es brach nur so aus mir heraus, und ich erzählte ihm all das, was mich verunsicherte und so traurig machte.

Hironimo tröstete mich und sagte, er sähe mich und meine Talente. Ich sagte, ich hätte keine Talente, und er erwiderte: ‚Oh doch, die hast du! Hast du schon einmal dein Lichthorn in den See gehalten und deine Energie fließen lassen?' ‚Nein', antwortete ich, und er bat mich, es auszuprobieren. Da wurde das Wasser plötzlich regenbogenfarben. Hironimo sagte: ‚Siehst du, du hast sogar ein ganz wunderbares Talent, die Fähigkeit, die Seen und Meere zu schützen, zu reinigen und zu transformieren. Du kannst es natürlich nicht den Liebeseinhörnern gleich tun, wenn deine Talente darin liegen, die Seen und Meere zu schützen.' Ich verstand und begann ab diesem Moment, mich voller Freude meinen Talenten hinzugeben und entdeckte dadurch den gesamten Umfang meiner Aufgabe, die ich so sehr liebe. Heute bin ich an deiner Seite, um dir der weise Freund zu sein, der dir hilft, deinen Blickwinkel zu verändern und zu entdecken, welchen Schatz du in dir trägst. Wir werden ihn gemeinsam heben."

Übung/Meditation:

Malou bitte dich, auf ihrem Rücken Platz zu nehmen. Du legst deinen Kopf an ihre kuschlig weiche

Mähne und umarmst sie, um dich festzuhalten. Immer höher schwebt ihr hinauf in die Lüfte, und Malou sagt dir, dass ihr jetzt zusammen zu einem Ort in den Tiefen deines Seins reist, den du jetzt als einen Schlosspark ganz klar vor deinem inneren Auge erblicken kannst. Du siehst aus der Luft einen wunderschön angelegten Park und ein Schloss mit einem Turm, auf den ihr direkt zufliegt und ganz sanft vor ihm landet.

Ihr seid am höchsten Punkt des Parks angekommen, und du genießt erst einmal die tolle Aussicht. Richtig herrschaftlich sieht es von hier oben aus. Malou sagt: „Komm, wir gehen gemeinsam zum Eingang des Turms!“ Ihr steht vor der Tür. Malou sagt: „Bitte öffne sie!“ Du nimmst die Klinke in die Hand und drückst sie nach unten, doch die Tür scheint verschlossen zu sein. Du sagst: „Sie lässt sich nicht öffnen“, und Malou antwortet: „Hinter dieser Tür, in diesem Turm, hast du deine noch auf dich wartenden Talente verschlossen, da es dich bisher geängstigt hat, sie tatsächlich anzuschauen und anzunehmen. Ich bin bei dir und würde die Tür gerne heute gemeinsam mit dir öffnen. Malou überreicht dir einen Schlüssel und fragt: „Bist du bereit?“ Sie berührt dich noch einmal liebevoll mit ihrem Lichthorn, und du steckst nun ganz mutig den Schlüssel in das Schlüsselloch und drehst ihn um. Die Tür öffnet sich ganz leicht, und du erblickst eine geöffnete Schatztruhe, die mit symbolischen Gegenständen gefüllt ist. Deine Talente! Schau sie dir in Ruhe an und nimm das mit, was jetzt gerade für dich wichtig erscheint. Alles steht hier für dich bereit. Bediene dich an der unendlichen Fülle des Universums, denn es ist genug für alle da, um den eigenen Seelenplan zu erfüllen. Malou berührt mit ihrem Lichthorn dein drittes Auge, um dir einen neuen Blickwinkel zu schenken. Ganz klar wird es auf einmal um dich, und du erblickst vieles, das du auf den ersten Blick gar nicht wahrgenommen hast. Du fühlst dich reich beschenkt, denn was gerade geschehen ist, bedeutet eine enorme Weiterentwicklung für dich!

Malou bittet dich jetzt, wieder aufzusteigen. So fliegst du gemeinsam mit ihr zurück zu deinem Ausgangspunkt. Alles ist leicht und frei, und du kommst langsam wieder in deinem Körper an. Du spürst dich und deine neu entdeckten Talente – wenn du möchtest, beginne gleich damit, sie auszuprobieren. Auch Malou hat durch die Reise mit dir ein weiteres Talent entdeckt – die Gabe, Menschen beim Entdecken ihrer Talente zu helfen.

Bestellinformation
Weitere Einhorn-Produkte wie Einhorn-CDs, Einhornbücher, Einhornsprays oder Einhorntees sind direkt über die Website der Autorin zu beziehen:
www.einhornessenz.de

Danksagung

Als ich mich im Sommer 2012 in den Garten setzte, um den ersten Text für dieses Kartendeck zu schreiben, kam aus der Waldlichtung direkt an unserem Haus ein Mann auf einem weißen Pferd galoppiert. Ich war völlig erstaunt über dieses unglaubliche Zeichen, er galoppierte schnell den Berg hinauf, und es war wie ein Startschuss, für den ich mich von Herzen bei den Einhörnern bedanken möchte. Ihre Führung, ihre Worte der Liebe, haben mich von Karte zu Karte getragen, die so wunderschön illustriert wurden von Katharina Kelting, bei der ich mich von ganzem Herzen für die wundervolle Zusammenarbeit bedanken möchte. Ich liebe jede einzelne der Karten, auf denen man bei jedem Ansehen wieder ein neues Detail entdeckt. Danke für diese Schönheit und sichtbar gemachte Liebe …

Des Weiteren möchte ich mich bei meinem Garten Eden-Team bedanken (Melanie Knopp, Elena Spiers, Amoorah Christina Brückmann), das mir mit so viel Liebe zur Seite stand und den Rücken frei hielt. Von Herzen danke an meine Mama, die mich auf meinem Weg begleitet und auf allen Ebenen unterstützt. Danke an meinen Mann Hajo für seine tolle Arbeit im Hintergrund und sein Verständnis für die vielen Abende, die ich mit meinem Computer statt mit ihm verbracht habe.

Danke an das Team des Allegria Verlags, danke an Michael Görden für sein Vertrauen und den Glauben an die Einhörner, danke an Frank Schenker für seine Unterstützung und Liebe zu den Einhörnern, danke an Daniela Graf für die vielen lustigen Momente und das wundervolle Lektorat, danke an Patricia Kasimir für unsere herzliche Verbindung.

Danke an Jan Ateet Frankl für seine grafische Arbeit rund um das Kartendeck und seinen Einsatz für die Einhörner.

Von Herzen danke ich euch allen, die ihr eure Herzen für die Einhörner geöffnet habt und sie dadurch einen Platz in eurem Leben finden und ich mit diesem Kartendeck ein Stückchen Himmel auf der Erde manifestieren durfte.

Und natürlich danke ich der geistigen Welt und meiner himmlischen Führung!

In tiefer Verbundenheit.

In Liebe eure
Melanie Missing

Über die Illustratorin

KATHARINA KELTING ist geborene Hamburgerin. Schon während ihrer Kindheit auf dem Lande entdeckte sie ihre große Liebe zu den Tieren, zur Natur und dem Zeichnen.

2007 gründete sie das „ATELIER Schwarzes Einhorn" und arbeitet seitdem als freie Illustratorin in Mecklenburg-Vorpommern.

www.schwarzes-einhorn.com

Über die Autorin

MELANIE MISSING erhielt aus der geistigen Welt den Auftrag, die Tore für die Einhörner zu öffnen, damit sie wieder ganz nah bei uns sein können. Der Auftrag der Einhörner ist es, die Menschen bei der Erfüllung ihrer Lebensaufgabe zu unterstützen. Melanie Missing bringt die Menschen wieder in Kontakt mit ihren persönlichen Einhörnern. Geführt wird sie dabei durch die Einhornherde der Weißen Bruderschaft, insbesondere durch das Einhorn Sirius vom Hohen Rat der Einhörner, das ihr die Anliegen der Einhörner mitteilt. Außerdem gibt sie Einhornseminare, Meditationen und Einzel-Einhornsitzungen.

Im „Garten Eden“, Melanie Missings Schulungsinstitut für Einhornenergie, kann man sich zum Unicorn-Energy-Practitioner ausbilden lassen und auf diese Weise noch mehr Menschen an der großen Liebe der Einhörner teilhaben lassen.

NOTIZEN

NOTIZEN

Einhornlichttor

Uriel & Friedensklang

Herzklang

Angst

Pegasus

Einhorntraum

Raphael & Himmelsschutz

Zadkiel & Alchemist

Einhornblick

Einhornkraftort

Alles fließt

Einhornenergie

Ich bin bei dir

Liebe

Tierkommunikation

Neubeginn

Jesus & Götterfunke

Regenbogenlichtschwingung

Atlantis

Einhornwald

Metatron & Erdenkraft

Goldenes Herz

Meditation

Verborgene Talente

Einhornsegen

König & Königin

Einhornfohlen

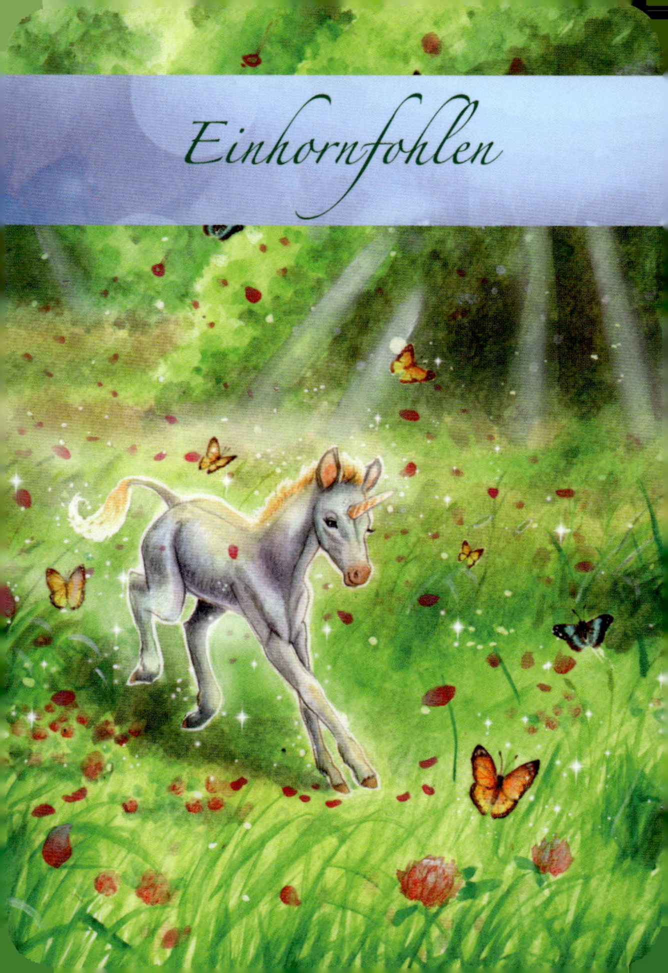

Sternbild des Einhorns

Schönheit

Garten Eden

Natur

Mut

Einhornberührung

Deine persönlichen Einhörner

Tempel der Einhörner

Chamuel & Liebeszauber

Gabriel & Silberstern

Einhornstein

Einhornherde

Der Hohe Rat der Einhörner

Inneres Kind

Maria & Rosenherz

Einhornmedizin

Michael & Löwenherz